不用**情緒**解決問題，才能化阻力為助力

不要讓心情決定你的人生｜全集

千江月 編著

羅馬思想家西塞羅曾經寫道：「**人如果拋棄理智，就會受感情的支配；脆弱的感情氾濫到不可收拾，就像一艘船不小心駛入深海，找不著停泊處。**」

確實，生活中最糟糕的狀況，莫過於任由情緒牽著脖子走，凡事全看心情好壞做決定。

因此，當你準備處理事情之前，一定要記得先處理自己的心情，千萬不能任由心情代替理智做決定。

德迪曾說：「**理性如果被感情掌控，就如同一個軟弱的人落在潑婦的手中。**」

的確，當情緒控制一個人的時候，理智就形同遭到綁架。當你考慮如何解決問題時，千萬不能帶著仇視、憎恨、憤怒……等等負面情緒，否則就會淪為情緒的奴隸，做出讓自己後悔莫及的事。

出版序

•千江月

不要用情緒去處理問題

面對不如己意的事情，一定要記得先處理好自己的心情，這將決定你最後是化阻力為助力，舉步向前邁進，抑或就此敗在惡劣的心情之下。

古羅馬思想家西塞羅曾經寫道：「人拋棄理智，就要受感情的支配，脆弱的感情氾濫到不可收拾，就像一艘船不小心駛入深海，找不著停泊處。」

確實，生活中最糟糕的狀況，莫過於任由情緒牽著脖子走，凡事全看心情好壞做決定。

因此，當你在考慮難以解決的問題時，千萬不能帶有仇恨、憤怒或嫉妒…等等負面情愫，在做任何重大決定之前，千萬不能讓心情代替理智去做決定。

吉布林結婚後，便在故鄉維爾蒙建了一棟很漂亮的房子，他決定和妻子凱洛琳在這個地方定居下來。

凱洛琳的舅舅就住在他們的隔壁，與吉布林非常投緣，很快地便變成了親密伙伴，不論是工作還是玩樂，兩個大男人總是形影不離。

有一天，舅舅問吉布林：「我有一塊牧草地，你有沒有興趣買？」

吉布林想了想說：「嗯，有塊牧草地經營也不錯。」

於是，吉布林以最便宜的價格，買下了舅舅的這塊草地。不過，他們有項協議，那便是吉布林願意讓舅舅繼續在草地上收割牧草。

從此，他們又愉快地度過了一年。

然而好景不常，有一天，舅舅發現吉布林將草地變成了花園，因此非常生氣，暴跳如雷地來到吉布林的家中指責他的不是。

吉布林也非常生氣，憤怒地說：「那可是我的草地，我想怎麼做就怎麼做，你無權干涉。」

大吵一架的兩個人，從此行同陌路，見了面也不打招呼。

過幾天，他們又因爲一件事情鬧上法院。

這天，吉布林騎著腳踏車悠閒地在路上閒逛時，正巧遇見了舅舅駕著一輛馬車出現。說巧不巧，馬車忽然一個轉身，吉布林一個沒注意，就這麼從車上跌了下來。

這下子可不得了了，吉布林認爲舅舅是故意的，便一狀告到法庭，請求法官將他的惡親戚捉起來。

大家都知道，在鄉下這種小地方，人們的嘴是堵不了的，很快地事情便傳遍了大街小巷，甚至還引來城市記者們的好奇。

事情最後不了了之，也因爲這次的爭吵，讓吉布林與妻子決定離開這個曾經是心目中理想家園的地方。

然而，當新聞傳遍了各地之後，人們仍議論紛紛，因爲，吉布林控告舅舅的最重要理由是：「他曾經多載了我一車牧草。」

凡事皆可商量，何必弄的兩敗俱傷呢？

不管是改變花園，還是多割了一車牧草，如果能事先做好溝通，相信最後的結局不會是這個模樣。

我們不也經常遇見這類情況，只爲了一件小事，鬧得不歡而散或反目成仇？似乎大多數人在事發的當下，都很難克制住自己的脾氣，冷靜地思考是否有更好的解決辦法。

人生最大的困境，其實就在於我們不懂得在處理事情之前，先處理自己的心情。成功的人，往往懂得控制自己的心境，失敗的人則容易困在情緒的框框裡作繭自縛。

面對不如己意的事情，一定要記得先處理好自己的心情，這將決定你最後是化阻力爲助力，舉步向前邁進，抑或就此敗在惡劣的心情之下。

波斯詩人薩迪曾經說：「理性如果被感情掌控，就如同一個軟弱的人落在潑婦的手中。」

的確，當情緒控制一個人的時候，理智就形同遭到綁架。當你考慮如何解決問題時，千萬不能帶著負面情緒，否則就會淪爲情緒的奴隸，在情緒主宰下做出讓自己後悔莫及的事。

值不值得生氣，很多時候其實是角度的問題。只要懂得轉換念頭，就會發現許多事實在不值得煩憂嘔氣，起伏不定的心情，也會因爲適時的轉念而變得平穩冷靜。

本書《不要讓心情決定你的人生全集》係作者舊作《不要讓心情做決定全集》的全新修訂版本，謹此向讀者說明。

出•版•序　不要用情緒去處理問題　•千江月

1 PART 垂頭喪氣，如何找出生機？

不要把時間浪費在抱怨的情緒中，那不僅會讓人更加迷失，還會讓人越來越失去信心，在關鍵時候放棄自己。

垂頭喪氣，如何找出生機？／14
凡事不要走一步算一步／17
選擇生命中真正需要的／20
在工作中發現快樂的元素／23
放下包袱才能輕鬆上路／26
不要讓生活有生鏽的機會／29
藏在兩顆蘋果裡的奇蹟／31
不要用金錢的角度衡量事情的價值／34

2 PART 用愉快的心情面對人生

「投入」不是「蠻幹」，「忘我」也不等於「拚命」，保持愉快的心情，樂在工作，自然能獲得出乎意料的成就！

愉快的心情讓工作更有效率／38
積極地讓生命發光發熱／41
用愉快的心情面對人生／44
別用情緒解決問題／47
知道興趣所在就努力地實踐／49
找出興趣，就會有愉快的情緒／51
心寬，才能容納更多的幸福／54
只要誠心，就能吸引顧客上門／57

3 用熱情取代抱怨的心情

PART

用熱情取代抱怨的心情， 能快樂工作的人自然會有工作的熱情， 工作對他而言不是件苦差事，而是一種生活上的趣味。

隨時都可以展開快樂人生／62

轉個念頭，生活就會快活／65

用熱情取代抱怨的心情／67

快樂做事，才是享受生活的方式／69

態度決定你的生命高度／71

為自己的工作注入生命力／74

如果你只有萬分之一的機會／76

偶爾「吝嗇」，對自己也有好處／79

4 充滿勇氣就能創造奇蹟

PART

只要你有決心與勇氣，就會懂得借助浪潮的起伏，趁著高漲的大浪，迅速地到達成功的彼岸。

充滿勇氣就能創造奇蹟／84

別讓情緒壞了大事／86

困境是通往成功的途徑／88

生活中處處都有奇蹟／91

扮演你最想扮演的角色／93

純真就是神奇的魔力／95

讓自己的腳步踏得更紮實／97

給自己一個正確的理財觀念／99

5 PART 保持冷靜，才能做好臨場反應

只要有實力，又有熱情，累積的經驗也差不多了，
任何突發的狀況都是表現才華的最佳機會。

由小動作窺見你的生活態度／*104*
保持冷靜，才能做好臨場反應／*106*
讓生活價值轉個彎吧！／*108*
不要因為壓力而否定自己／*111*
不要讓後悔佔據人生／*113*
失去理性，只會讓自己陷入不幸／*116*
沒有實力的人最會急功近利／*118*

6 PART 等待是爲了不再錯過未來

在工作與財富之外， 我們還有許多經歷要去體驗。學會等待，才能靜靜地享受蔚藍天空帶給人的舒暢感受，也才能看見生命的美。

心胸開闊就能填平彼此的鴻溝／*122*
等待是為了不再錯過未來／*124*
留一隻眼睛看自己／*127*
「唯一」代表著自己的期許／*129*
用謙恭架起成功的世界／*131*
在非常時刻要有非常勇氣／*133*
熱忱會讓你美夢成真／*135*
做人要謙卑，但不需要自卑／*137*

7 沒有貪念就不會受騙

PART

天下沒有白吃午餐，以為佔盡了對方便宜的人，最後卻經常發現，自己竟然損失更多。

從不同的遊戲規則中找出共通點／140
盡全力，人生就不會有遺憾／143
減輕心靈負擔，才能享受人生／145
愛物惜物才能累積財富／148
沒有貪念就不會受騙／151
有多少能力便享受多少樂趣／154
別把時間浪費在金錢上／57
我們要追求的就是那一點價值／160
真正的財富是看不見的／162

8 快樂工作是醫治病痛的良藥

PART

不妨先放下手上的工作，仔細想想你要的是什麼，只要你一想通了就別再猶豫。

快樂工作是醫治病痛的良藥／166
精益求精，讓未來更加堅實／169
用心感受，便能聽見幸福的聲音／171
投機取巧往往害人也害己／174
再跨一步，你就能看見新視野／178
真正的完美必須完整／181
藏在生命裡的共同記憶／184
讓生活與工作保持最佳的平衡／186

9 PART 再辛苦的難關也一定能走過

時間一定會帶走所有困頓，所以我們一定要努力上進；只要一過了這個難關，下一步我們就會來到夢想的天空。

關懷是支持生命的最大力量／190
再辛苦的難關也一定能走過／193
為了擁有，我們必須學會犧牲／195
在信守諾言中培養勇氣與承擔／198
為愛犧牲，更要為愛珍惜／200
懂得尊重才是真正的愛／203
「真」是生命中最珍貴的／205
誠摯的淚光最為閃耀動人／208
人生只需一個全力以赴的目標／211

10 PART 不要用破壞的方式追求滿足

不必禪悟佛說，每個人都懂得什麼是犧牲的真諦，只要我們知道什麼叫做愛，知道該怎麼表現心中的無私大愛。

不違法理，堅持自己的原則／216
真誠的謝意就是最好的回報／219
不要用破壞的方式追求滿足／221
善意的謊言也能成就幸福／224
不要輕易地發表自己的見解／226
生命力隨時都能重現／228
母愛是最珍貴的自然天性／230
行動後自然能找到方向／233

11 不要被過多的期望牽絆

PART

簡單果決地掌握住自己的需要，並確實地將精神集中在一個目標上，然後我們才能慢慢地讓心中每一個夢想都達到高峰。

機會總出現在最容易被忽略的角落／238

不要被過多的期望牽絆／240

對生命負責的人對生活必有堅持／243

每個人都只有一個今天／245

守株待兔只會讓生命空轉／247

學會享受生活，別太斤斤計較／249

生命活力是我們最大的財富／252

分秒必爭，因為時間無法倒轉／254

12 拋開名聲，才能享受人生

PART

一夜成名、一夜致富很快地都會轉眼成空。拋開名聲，你才能保有自我與生活空間，也才能自由自在地享受人生。

拋開名聲，才能享受人生／258

用點技巧，可以更快達成目標／260

再忙，也要撥出一點休息時間／262

就算跌倒也一定有收穫／264

要求別人，不如要求自己／266

挫折越多，越要勇往直前／268

相互扶持才能創造雙贏／270

垂頭喪氣，如何找出生機？

不要把時間浪費在抱怨的情緒中，

那不僅會讓人更加迷失，

還會讓人越來越失去信心，

在關鍵時候放棄自己。

垂頭喪氣，如何找出生機？

不要把時間浪費在抱怨的情緒中，那不僅會讓人更加迷失，還會讓人越來越失去信心，在關鍵時候放棄自己。

有位美國學者曾經這麼說：「人生的目的只有兩件事：第一件是得到你想要的，第二件是得到之後要好好地享受它。不過，通常只有最聰明的人才能做到第二點。」

人生的目標確實只有這兩項，只是多數人在尚未達到目標前，便不耐煩地發出牢騷與埋怨，以致目標難以達成；即使目標已經達成，卻因爲心中的貪婪，讓生命眞正的樂趣一直囚困於追逐的疲憊中。

愛波在一九三四年春天，因爲一個親眼目睹的景象，讓他的人生完全改變。

那年，因爲一場金融風暴，他經營好幾年，好不容易終於有了一點成績的公司，頓時間化爲烏有。

當時負債累累的他，頹喪地走在街上，無精打采地想著：「我該怎麼辦？我要到哪裡找錢來還債啊？老天爺，你爲何要這樣捉弄我？」

當時，他正走出銀行，已經做了要回家鄉打工的準備，因爲在這個城市裡，他不知道自己還有什麼樣的機會。

愛波的步伐相當沉重，幾乎是用拖行的方式前進，受到嚴重打擊的他，已經完全失去了信念和鬥志。

忽然，垂頭喪氣的他一個不小心撞上了迎面而來的一個人，他自然而然地說：「對不起！」

在此同時，眼前的這個人卻給了他一個開朗的回應：「早啊，先生，今天天氣很好，不是嗎？」

愛波一聽，這才抬起頭仔細看看他的「巧遇」。

也許是上帝聽見了他的呼喊，所以派了這樣一位天使來救他，因為眼前是一個失去雙腿的男子，他坐在一塊裝有輪子的木板上，用著尚存的一雙手藉著輪子的滑動，奮力地沿街推進。

當他滿臉笑容地對著愛波時，愛波整個人完全被震懾住了，像是被定住了一般，在街角停格，心中不斷地湧現出一種刺激：「他沒有腿，卻能如此快樂、自信，我有腿，應該比他更快樂、自信，不是嗎？」

「我很富有的，不是嗎？我還有雙腿可以自由前進，我為什麼就看不見陽光呢？我一定要重新振作，我一定可以看見自己的陽光，跌一次跤算得了什麼，氣勢始終都在我身上，不是嗎？」

原本準備回鄉的愛波，決定繼續留在這個競爭激烈的大城市。憑著重新找回的信心和毅力，很快地，愛波找到了工作，也重新展開他的新生活。

看著故事中失去雙腿的殘障人物，仍然願意用微笑，笑看他的人生，回頭審視四肢健全的自己，你是否也感受到「不願面對自己」的羞愧？

曾經有個在太平洋上漂流了二十一天的男子，獲得救援後對朋友說：「在這次經驗中，我所得到最大的教訓是，只要有淡水就喝，只要有食物就吃，絕不浪費時間埋怨任何東西。」

不要把時間浪費在抱怨的情緒中，那不僅會讓人更加迷失，還會讓人越來越失去信心，更甚者還會讓人在關鍵時候放棄自己。

其實，只要人還活著，機會就還在，即使迷失在海洋中，只要手中還有一滴淡水可以喝，還有一口乾麵包可以吃，那麼我們都應該要滿心感激、好好珍惜，不該頹喪、放棄。

因爲，生活的決定權始終都在我們的手中，即使跌得再深，我們仍然能找到一線生機。

凡事不要走一步算一步

成功的目標是由無數的步伐所完成，不過，沒有明確目標的步伐，再多的累積也只是錯印的足跡。

有位企業家曾說：「走一步算一步，那不能算是規劃。」

面對眼前和未來，你是抱著安於現狀，能進一步算一步的安逸態度，還是會給自己一個明確的目標，讓每一步都累積在達成夢想的基礎上？

在一個下著傾盆大雨的午后，有兩個結伴行乞的窮困青年，又冷又餓地倒在大街上，動彈不得，雖然有許多路人經過他們的身邊，但是卻沒有人願意停下腳步，關心倒在地上的兩個人。

這時，有位年輕的女醫生撐著傘，走了過來，還停下了腳步，仔細地看了看他們，接著還幫他們遮雨，直到雨停，才帶著他們去填飽肚子。

這位天使般的女醫生名叫露絲，她的這個舉動，不僅深深地感動了這兩個乞丐，更讓他們對她同時都產生了情愫。

為了得到這份愛，他們兩人決定展開一場愛的競爭。

這天，第一位乞丐深情地問著露絲：「小姐，妳可不可以告訴我，妳的男朋友是從事什麼職業嗎？」

只見露絲搖了搖頭說：「對不起，我沒有男朋友。」

於是，第一位乞丐又問：「那妳希望未來的男朋友是做什麼的呢？」

露絲側著頭，想了想：「嗯，最好是位名醫師吧！」

第一位乞丐聽到後，點了點頭，若有所悟地離開了。

接著，第二位乞丐也跑來了，他向露絲表白道：「小姐，我愛妳！」

露絲被他的驚人舉動嚇了一跳，連忙回答說：「對不起，我不會愛上一個不愛衛生的人。」

第二天，這位乞丐又出現在露絲眼前，不過，這次他不僅梳洗乾淨，還穿上了一套全新的衣裳。

只見他認眞且嚴肅地對露絲說：「小姐，我眞的很愛妳！」

露絲滿臉尷尬地說：「對不起，我不會愛上一個沒錢的人。」

第二位乞丐一聽，滿臉失望地離開了，從此以後，好幾天都沒有再出現。

過了一段時間之後，這位乞丐忽然興高采烈地出現。他對露絲說：「親愛的，我中了頭獎，有五百萬耶！這次，妳能接受我的愛了吧！」

但是，露絲仍然不為所動，平靜地說：「對不起，你不是醫生，我想，我只會愛上一位醫生。」

過了幾年，第二位乞丐忽然又出現了，而且這次他還神奇地帶著一張醫師的執照證明出現。

他神氣地站在露絲的面前說：「親愛的，我想妳現在願意嫁給我了吧！」

沒想到露絲這次卻說：「對不起，我已經嫁人了。」

說罷，露絲便挽著她身邊的丈夫，走進了醫院的大門。

這時，第二位乞丐仔細地看了她的丈夫一眼，原本沒看還好，這一看差點就昏了過去。

因爲，女醫生挽著的人，竟是當年與他搭伴行乞的第一位乞丐，如今他居然成爲這家大醫院的院長。

這樣的結果讓第二位乞丐非常不服氣，怒氣沖沖地質問第一位乞丐：「你到底用了什麼魔法？」

第一位乞丐冷靜地說：「你聽好了，我用的是心，而你用的卻是計謀，我的心始終是朝著一個方向，而你因爲太過急功近利，眼裡只有貪婪和慾求，以致於看不見眞正的目標。」

看著故事中的兩個主角，雖然兩個人的最終目標一樣，然而，第二位乞丐急躁短視，以爲每一步都計算妥當，以爲走一步便算前進了一步，但始終都沒有發現，事實上，每當他完成一步之後，等於又退回到了原點。

相較於另一位成功者，他不僅將愛意昇華，更懂得先找出未來目標，然後努力實踐，這樣的遠見、規劃與勇往直前的毅力，當然能按部就班地完成並實現他的目標。

坐在辦公桌前的你，究竟像其中的哪一位呢？

雖然，人生的路是一步又一步累積出來的，成功的目標也是由無數的步伐所完成，不過沒有明確目標的步伐，再多的累積也只是錯印的足跡。

選擇生命中真正需要的

每個人都有自己的價值觀念，什麼才是我們真正需要的？全都決定在我們現在對生命與生活的選擇。

星雲大師曾說：「無病是最大的利益。」

看看身邊的那些老人家，當你同時看見一個渾身是病的可憐老人，與一個依然健步如飛的老人時，在你心中，除了比較後產生的同情外，從中是否也得到了一些啓發？

在湯普森急救中心的大廳裡，掛著這樣一句話：「你的身軀龐大，但你生命中眞正需要的僅僅是一顆心臟。」

這句話是美國好萊塢影星里奧．羅斯頓所留下來的名言。

那年，他在英國演出時，因爲心肌衰竭而被送進這家醫院，搶救他的醫生們雖然用了最先進的醫療配備，但最後仍然沒能挽回他的性命。

臨終時，他不斷地喃喃自語，說的正是這句話。

巨星隕落，這家醫院的院長、胸腔外科專家哈登也非常傷心，當他聽見羅斯頓的這段遺言時，便決定把他刻印下來，並放在醫院裡最醒目的地方，希望能讓後人有所啓發。

羅斯頓去世的第四十年，美國的石油大亨默爾也因病住進了

這家醫院，患的也是心肌衰竭。

不過，他的運氣比里奧·羅斯頓好許多，一個月之後，他終於病癒出院了。

但是，出院後的他卻沒有回到美國，繼續經營他如日中天的石油生意，而是賣掉了自己的公司，來到蘇格蘭的一間鄉下別墅，過著平淡的生活。

有一年，默爾參加湯普森醫院的百年慶典時，有位記者問他：「當年您爲什麼要賣掉如日中天的公司？」

默爾微笑地指著大樓上的那句話，答道：「是里奧·羅斯頓提醒了我。」

之後，默爾在他的傳記裡解釋：「巨富和肥胖並沒有什麼兩樣，它們一樣都是讓人獲得超過自己需要的東西罷了。」

原來，默爾由肥胖聯想到了巨富，頗有見地的他，不僅看見了多餘脂肪壓迫心臟的可怕，更看見了多餘的財富將拖累心靈的可能。

悟性頗高的默爾，其實眞正要告訴我們的是：「如果你想活得健康一點、自在一點，你必須把巨富和肥胖都捨棄。」

忙碌追求財富的現代人，經常因爲太過忙碌而忽略了正確的飲食態度，於是我們不斷地聽到或看到，許多辛苦大半輩子的人雖然財富豐收，在豐收的同時，卻也讓財富回收了他們的健康與生命。

每個人都有自己的價值觀念，然而看著故事中驟然病逝的羅斯頓遺言，我們是否可以想想，什麼才是我們眞正需要的？是融洽的親情、健康的笑容，還是你寧願渾身疲態地坐在金銀珠寶中？

我們出生不是爲了與人競爭或追逐物質，因爲再多的競爭始終都爭不過生命的消耗速度，再多的物質追逐最後也要化爲烏有，然後，我們也將變成被青春拒絕的老人。

只是，最後的結果是健步如飛，還是躺在床上奄奄一息，全都決定在我們現在對生命與生活的選擇。

在工作中發現快樂的元素

改變自己的工作態度，不再心生埋怨，每天出門時不忘記帶上笑容，我們自然而然會感受，甚至營造出歡樂的工作氣氛。

生活是否能過得快樂，向來只有我們自己的心態才能決定；而工作是否能充滿愉快氣氛，向來也只有靠我們自己營造。

「終生成就獎」是日本國家級的大獎之一，相較於其他重要獎項，對一向把榮譽看得比自己生命更爲重要的日本人來說，這項獎座更是人人夢寐以求的。只是，想得到這項殊榮並不是件容易的事。

許多日本社會中的精英，一輩子都以「終生成就獎」爲努力奮鬥的目標，正因爲有如此鍥而不捨的精神與明確目標，我們也才能不斷地看見，專心而專業的日本人，不僅爲自己創造出非凡的成就，更因爲他們突出而卓越的專業技能，讓世界各國都忍不住要說：「還是日本的品質好！」

有一次，在舉國上下都引頸期待與矚目的氣氛中，新的「終生成就獎」名單再次出爐了。但是，這次的得獎人卻令許多人跌破眼鏡，因爲他們竟然頒發給一位名叫清水龜之助的郵務士。

資料顯示，清水龜之助是東京的一位普通郵務士，他每天的

工作只是將各地收集來的郵件，正確無誤地迅速送到每一位收件者的手中。

正因爲這項工作看起來相當平凡，更沒什麼挑戰性與突破空間，與人們原本預期的，應該會頒給長期推動人類發展的科技專家們，實在差距太大了。

於是有人質疑：「那個清水龜之助從事的工作，根本是微不足道啊！」

不久，頒獎人終於說出了清水龜之助得獎的原因：「沒錯，清水龜之助的這份工作確實微不足道，甚至可說是平淡無奇。然而，清水龜之助能夠獲得這個獎項的原因和過去所有的得獎人一樣，絕無爭議。」

這時其中一位評審站了起來，對著鏡頭說：「因爲，他從第一天工作開始到今天，那份認眞與執著始終如一，在他手中送出的郵件已經有億萬件。」

頒獎人點了點頭，接著說：「更重要的是，這億萬份的郵件全都安全無誤地抵達收件者的手中，他從來沒有出現過任何差錯，即使遇到了狂風暴雨或酷暑嚴冬，他都從未請過一天病假。甚至在幾年前發生大地震的那天，他還是堅守著自己的任務，將手中的郵件全部一一送到收件者的手裡。」

聽完評審們的這番解說，大家全都忍不住起身鼓掌，所有人也終於明白這個獎項的眞正意義了。

有人曾經問清水龜之助：「面對這樣平淡的工作，爲什麼你能做得那樣開心，還能數十年如一日地做好它？」

只見清水龜之助微笑地說：「會平淡乏味嗎？不會啊！我每天都過得很快樂啊！我每天從工作中得到的快樂可多著呢！你知道嗎？每當人們接到遠方親友寄來的信時，臉上那份發自內心的

快樂和欣喜表情，實在相當動人。爲了天天都能看見這些快樂而美麗的表情，我當然要更加努力囉！」

看見清水龜之助能如此快樂地工作，相信羨煞了不少人吧！

或許，你也很想和清水龜之助一樣，擁有如此快樂的工作氣氛和喜悅吧？

從清水龜之助的工作態度中，我們明白，原來生活不會有平淡的時候，一切的平淡滋味，其實是源自於我們對工作漠視。因爲不懂得從工作中發現樂趣與價值，所以才無法像清水龜之助那般，盡情地享受工作中的樂趣。

希望工作充滿快樂一點也不難，只要我們能改變自己的工作態度，不再心生埋怨，每天出門時不忘記帶上笑容，那麼我們自然而然會感受，甚至是營造出歡樂的工作氣氛了。

正在工作崗位上忙碌的你，從清水龜之助的工作態度中，是否也看見了工作中的快樂元素呢？

放下包袱才能輕鬆上路

放下該放下的，也丟開不必要的擔心吧！
輕裝上路，你才能快樂前進，也才有足夠
的力氣與空間，容納沿途發現的珍寶。

在人生各個階段中，定期解開你身心上的「包袱」，才能隨時找到減輕壓力、負擔的方法。

有一年，英國著名作家理查·賴德和一群好友相約，準備到東非去探險。

抵達目的地時，他們這時才知道，東非正逢乾旱，氣候酷熱難耐，這趟旅程恐怕會比想像中的還要艱辛、漫長。

為了生活上的方便，與安全地抵達目的地，理查在出發前，追加了許多生活用品。看著滿滿的物品，理查對自己如此周全的準備相當滿意，因而對朋友們說：「對於這次的旅程，我已經做好充分的準備了。」

只見，理查和友人們背起了大小行囊，來到了東非的一個小村子，並尋找這次探險的導遊。

不久，當地的酋長帶來了一名經驗豐富的村民。

出發前，他們依照慣例，請導遊檢查他們的裝備是否齊全。

然而，就在檢視理查的行囊時，導遊突然停下動作，轉身問

道：「理查先生，你認爲，你有必要帶這麼多沉重的東西嗎？你認爲，這些東西能爲你帶來安全和快樂嗎？」

理查聽見時，忽然楞住了。

看著塞爆物品的背包，剛剛背著它走路，確實是件沉重的負擔，未來還有好長的一段路要走，肯定會更加辛苦。

爲此而陷入沉思中的理查，忽然想到：「背著這麼多的東西上路，眞的有必要嗎？這些東西眞的都是必要的嗎？背著這麼多的東西，會讓我的旅途充滿快樂嗎？」

於是，理查再次整理他的背包，更發現背包裡的東西的確有很多是非必要的，只是他仍有點遲疑，導遊見狀忍不住又說：「輕裝上路吧！」

理查一聽，笑著點了點頭，將所有不必要的東西全拿了出來，贈送給當地的村民，一下子讓原本沉重的背包縮小許多，當然也變輕了許多，而他也發現，自己在情緒上似乎也有了小小的變化，那是一種卸去重擔的快感，減少束縛的自在感。

少了負重前行的疲累和煩惱，這趟旅途對理查來說，無疑是全新的體驗，因爲輕裝前進而變得輕鬆愉快，雖然氣候酷熱，心情卻滿是喜悅，觸目所及更是處處皆趣味盎然。

這次經驗也讓理查深刻地體悟到：「生命裡填塞的東西愈少，就愈能發揮潛能。」

因爲「擔心」，我們總是不斷地給自己不必要的壓力，也因爲「放不下」的心情，讓我們經常背負著不必要的沉重包袱。這些都是拖累我們生活步伐的重要原因，也是阻礙我們思維靈活變通的主要原因。

「你快樂嗎？」當故事中傳遞出這樣的疑問時，你是否也忍不住重新審視著自己，發現自己看見了什麼問題？

你是否也和導遊一樣有著相同的反思：「身上背負著那樣沉重的包袱，怎麼能輕盈前進，享受旅途中的美麗呢？」

放下該放下的，也丟開不必要的擔心吧！輕裝上路，你才能快樂前進，更重要的是，你也才有足夠的力氣與空間，容納沿途發現的珍寶。

不要讓生活有生鏽的機會

生活中最快樂享受的事，不是事業上的成就或財富的累積，而是了解生命的價值，且積極地享受生活的樂趣。

無論我們的生命狀態如何，只要生命尚未結束，我們都要用最積極的態度面對人生、享受人生。

一九八一年，美國第四十八屆總統大選中，五十七歲的卡特被共和黨的雷根擊敗，一時間，卡特感到有些茫然不知所措。

雖然他的退休年薪，足夠他安享晚年，但是卡特卻不想如此虛度，很快地，他重新振作，將生命的活力投注在木匠生活中。

他開始爬上屋頂，爲窮人們整修房屋，還親手製作桌椅、板凳來餽贈親友，手藝一點也不比巧匠遜色。

不久，種花生出身的卡特在亞特蘭大創建了卡特中心，提供窮苦人家各種服務，例如免費的醫療服務，或是治蟲救災，還傳授農作物技術，讓他們學會一技之長。

此外，卡特也投入國際事務，經常擔任總統特使，奔走於中東地區，最後榮獲諾貝爾和平獎。

他在《晚年的優勢》一書中寫道：「把這幾年和我擔任公職期間相比，我從總統職位上退下來後的成就更大，日子也比當總統時活得更自在。」

書中，他還給讀者一個建議：「不要把物質財富視爲衡量成功與失敗的標準，有許多我們看不到的東西，其實都要比物質財富更加重要。這些看不到的重要東西就是：正義、謙和、奉獻、寬容、同情和愛心，這些才是衡量生活的重要標準。」

連後來卸下美國總統一職的柯林頓，面對自己的「下台」生活時，也這麼對記者表示：「卡特總統是一個很好的榜樣，希望在離職後，我不會成爲一顆生鏽的釘子。」

從未停止追求、勞動和奉獻的卡特，不僅讓晚年的生活更加充實豐富，更讓他的人生變得更加完整、美麗。

我們經常看見許多人，在生命的尾聲中不斷地增亮生命餘光，他們不僅積極學習，也更勇於突破自己，歷經了大半人生，他們一點也不願意生命就這麼草草地結束。

他們其實和卡特一樣，對自己都有著相同積極而樂觀的期許：「不要讓生活生鏽了！」

曾經有位八十幾歲的老奶奶如此說道：「年紀都這麼大了，如果還老是顧慮那麼多，那活著還有什麼意思？都這麼老了，如果不好好把握住現在，還能把握住什麼？」

這位老奶奶便在家人的支持下，不僅前進北極，還曾到亞馬遜河探險，這樣的活力和精神相當動人，更讓一向自負年輕的我們相形見絀。

從卡特的人生體悟中，我們明白，原來生活中最快樂、最享受的事，不是事業上的成就或財富的累積，而是了解自己生命的價值，並且積極地享受來自生活的各種樂趣。

藏在兩顆蘋果裡的奇蹟

每個人身上，必定都會有一項天賦，也許它不受人們認同與肯定，但只要有我們自己的肯定，它就一定會有伸展的機會。

沒有人應該被放棄或否定，除非我們自己先放棄了自己。一如人人擔心的喜憨兒，只要我們和他們一樣不放棄，一定能成功地擎起自己的一片天空，並快樂地乘雲悠遊於各自的人生。

出生在巴黎一個貧困家庭的貝爾蒙多，是個學習較爲遲鈍的小孩，一直學無所成的他，讓母親十分擔心。

十幾歲的時候，貝爾蒙多被迫輟學，面對母親疲憊的臉，他除了懊惱沮喪之外，就只能把家收拾得一塵不染或做些小點心，期望能用這些表現來博得母親的寬心微笑。

有一天，他用心將蘋果做成美味可口的小甜點，希望能得到母親的稱讚，但是，沒想到這番美意反而讓母親對他更加憂心，看著兒子無心於功課，她只好放任不管了。

不久之後，貝爾蒙多在一個偶然的機會裡，應徵到巴黎的一家豪華酒店工作。由於貝爾蒙多的長相普通，又無特殊才能，總是被指派做一些雜務，沒有任何一點發展的機會，直到他被調到餐飲部門，做甜點大師的助手後，情況終於有了改善。

剛開始，他負責一些洗滌水果或配調料的瑣事，後來，甜點師傅也會讓他學習一些製作點心的技巧。

這個機會對貝爾蒙多來說，可說是得心應手。

當時，他唯一會做的一道甜點，是長久以來最常製作的蘋果點心，就是將兩顆蘋果的果肉塞進一顆蘋果中，而這份充滿巧思的甜點，吃起來有著一種特別的香甜感覺。

這天，這道特別的甜點被一位貴夫人發現了。她品嚐之後非常喜愛，當她知道是新人貝爾蒙多的傑作後，從此便不斷地鼓勵這個憨小子。當然，這個機遇是貝爾蒙多人生的關鍵，因爲從那天開始，貝爾蒙多的信心大增，開始不斷地製作出各種美味、可口的小甜點。

由於夫人特別鍾情貝爾蒙多的手藝，每次來這裡居住時，都會特別點名貝爾蒙多做的甜點。酒店每年都會重新審核員工並進行淘汰，貝爾蒙多因爲手藝被發現，讓他站穩了工作地位與機會，貝爾蒙多說：「這要感謝夫人的賞識！」

到了年終之時，酒店按照慣例舉行了一場慶典，這天每個廚師都要做一道自己最拿手的菜。

當貝爾蒙多出現時，手上也捧著他最愛的一道甜點，那是一道爲母親特別發明的蘋果甜點。

他看著家屬席上的母親，淚盈盈地說：「我知道自己是一個很普通的人，即使我曾經想爲母親帶來一點點不同，但是始終都不能成功。如今，我總算在這個平凡的工作中爭得了一席地位，而這一切都要歸功於十年前，我爲母親做的這道甜點。」

這時，年邁的母親含著淚，一口一口地細細品嚐這道遠近聞名的招牌佳餚，而她也終於明白，她的寶貝兒子並不是一個普通人，當年她忽視了他，所幸上帝並沒有輕視他。

雖然上帝只是給了他兩顆普通的蘋果，但是聰明的貝爾蒙多卻知道如何用這兩顆蘋果創造不凡。

看著故事中的淚水，你是否也感動得想試試這個蘋果甜點的滋味？

每對父母親對孩子們的期望幾乎一樣，盼望孩子們能有一個美好的未來，期許孩子們能光宗耀祖，更期待孩子們能有一些非凡的成就。

只是，期望這麼多，難免會有失望的時候，但是，只爲了一個小小失望就要放棄孩子，妥當嗎？

沒有人應該被放棄，至少我們不能放棄自己！

因爲，在每個人的身上，必定都會有一項天賦，也許它不受人們的認同與肯定，但只要有我們自己的肯定，它就一定會有伸展的機會，也終會有得到別人肯定的一天，就像用兩顆蘋果開創非凡人生的貝爾蒙多一般。

不要用金錢的角度衡量事情的價值

有付出就應當有回饋，不要從金錢的角度去衡量事件的價值，因為其中真正的價值是你的付出。

雖然大家都知道「職業不分貴賤」的道理，但是日常生活中，我們還是會聽到有人忿忿不平，不是抱怨自己的工作比別人卑賤，就是抱怨收入比起別人少得可憐。

其實，「勞力之財不自卑」，只要是理所應得，我們就不必在乎收得的是大錢小錢，或是自己的工作卑微與否。

因為，其中的價值衡量始終都在我們的心中，正如出身於「小人儒」階級的孔子，不也曾大方地說：「吾少也賤，故多鄙事。」

在一個又髒又亂的候車室裡，有一位滿臉疲憊的老人家，正坐在靠門邊的位置，只見他的全身都是塵土，鞋上也沾滿了污泥，似乎剛走完一段漫長又辛苦的路途。

當列車緩緩進站，站務員開始剪票，老人家也急忙地從座位上站了起來，準備前往剪票口。

忽然，有位胖女人提著一個很大的箱子走了進來，似乎是趕著要搭上這班列車，問題是箱子實在太笨重了，累得她不斷地喘氣，不時停下來休息。

這時候，胖女人瞥見正在前進的老人家，連忙衝著他喊道：「喂，老頭子，麻煩你幫我提一提這個箱子，我待會兒會給你小費。」

老人家回頭看了看，便走過去幫忙，並一塊兒和胖女人朝著剪票口方向走去，當他們才剛踏入車廂，火車便啓動了。

胖女人這時抹了抹汗，慶幸地對這個老人說：「多虧你了，不然我肯定要錯過這班車子。」

說著，她拿出一塊美元給老人家，老人家也微笑地接過。

這時列車長走了過來，看見了老人家，便笑著問候：「洛克菲勒先生，你好啊！歡迎您乘坐本次列車，有沒有需要我幫忙的地方呢？」

「謝謝，不用了，我只是剛完成一趟為期三天的徒步旅行，現在我要回紐約了。」老人家客氣地回答。

「什麼！洛克菲勒！我竟然讓著名的石油大王提箱子，還給了他一塊美元的小費，我這是在做什麼啊？」

胖女人忽然驚聲叫喊道，接著又連忙向洛克菲勒道歉。

只見洛克菲勒笑著說：「夫人，妳不必道歉，妳沒有做錯，這一塊美元是我賺來的，所以我必須收下。」

說著，洛克菲勒鄭重地將這一塊美元，小心翼翼地放進了口袋裡。

從胖太太和石油大王洛克菲勒互動的這則軼事中，我們其實看見了人們對於價值認定的不同。

就胖太太的觀念裡，也許我們也和她想的一樣，那樣有錢的人對這區區一塊錢肯定不屑，說不定還會感到被羞辱。

但事實上，對身爲成功企業家的洛克菲勒來說，有付出就應當有回饋，所以他在故事中的表現意義，正是要說：「財富的價值並不在於金錢數字上，而是在交換金錢時的那個付出，即使只有一塊錢，也理應得到，一點也不需要因此而感覺羞愧。」

我們再將之延伸，其實故事中的旨意是要告訴我們，不要從金錢的角度去衡量事件的價值，因爲其中眞正的價值是你的付出，至於洛克菲勒的成功，正在於他懂得什麼是「取之有道，理所應得」的道理。

用愉快的心情面對人生

「投入」不是「蠻幹」，

「忘我」也不等於「拚命」，

保持愉快的心情，樂在工作，

自然能獲得出乎意料的成就！

愉快的心情讓工作更有效率

態度不同，我們的成就便差了十萬八千里。一個微笑，我們的工作活力便增加了好幾倍。

每當你一走進辦公室時，心中最常出現的是什麼念頭？

是開心地想：「太好了，一天又開始囉！」

還是這麼想：「唉！昨天都沒睡飽，今天又要開工了。」

也許這兩個想法你都曾出現過，那麼請再回想一下，哪一個讓你一天的工作效率與情緒都處在最巔峰的狀態呢？

諾曼是公司的業務主任，從辦公桌上的零亂情況，可以看出他的忙碌。他總是滿桌子的合約文件，電話機上閃爍著等候接聽的燈。忙碌的情況，連坐在他面前等待商談合約的人都忍不住說：「要不，你先接電話吧！」

諾曼笑著說：「沒關係，我的秘書會處理，我們先把合作事宜解決，才是最重要的。」

合約簽定後，諾曼翻了翻記事本，上面寫著他一天的約會。他接下來要參加另一個重要會議，並與該公司的董事吃午餐。再來他還要花好幾個鐘頭，規劃一個新的企劃案。之後，他還要回覆幾封重要的信函……。

如此大的工作量，許多人看了都不免同情地說：「主任眞是辛苦，要是我，肯定吃不消！」

不過，對諾曼而言，這樣的生活非常的充實，因爲他勝任愉快。不管工作有多繁雜，他都不會讓「混亂」的情況發生。同事們看著他進進出出，不斷地下達指令，從來都沒有出錯，臉上盡是輕鬆愉悅的神情。

每當其他人不可思議地讚美他：「你的能力實在太強了！」諾曼總是靦腆地笑一笑，回答說：「有嗎？我不過是盡全力，把當天的事做好而已啊！」

就像最忙碌的今天，他可以認眞地聽著新客戶的意見與問題，盡其所能地回應他們的需求與疑問。談完一個段落後，他接起電話，簡單扼要地回應電話彼端的需要，只需幾秒鐘的時間，便結束通話，繼續與現場客人互動。

其實，那通電話的時間，正是故意給現場客戶一個思考的時間，讓他們商討修正後的合約內容。

諾曼問：「你們滿意嗎？」

客戶點了點頭，於是諾曼在愉快而輕鬆的氣氛中，又簽成了一個合約。

凡事都能亂中有序，是諾曼的工作特點，如此簡捷有效率的工作，自然讓他順利地達到成功的目標。

有些人手上只是多了一件事，就足以讓生活秩序大亂，更別提像諾曼一樣，同時進行這麼多事，還能不出狀況，順利完成。

爲什麼我們不能，而諾曼能呢？

因爲，工作量一多，我們的第一個情緒反應，便是滿肚子的

怨氣，抱怨：「工作量那麼大，怎麼做得完？」

至於諾曼，我們從他的笑容裡便可以看見，不管工作量多大，他都能保持愉快、輕鬆的情緒。即使任務繁雜，責任重大，他都有信心能完成。

態度不同，我們的成就便差了十萬八千里。一個微笑，我們的工作活力便增加了好幾倍。

能用微笑面對工作，比能力高低更重要。懂得管理EQ，比IQ成長更重要，生活充滿自信與愉快心情的人，沒有什麼事是無法解決的。

積極地讓生命發光發熱

別害怕偶遇的困境，也不要用頹喪的心情做決定因為危機便是轉機，越是艱難的時刻，也是我們最接近成功的時候。

所謂的「時不我予」，其實是那些消極喪志者的藉口，成功者莫不是積極進取、奮發向前的。

反觀自己，你的人生是積極還是消極，其實也是在一念之間。

有個名叫梅凱的學生，因爲患了嚴重的病住進醫院治療。同學們聽說他住院，紛紛到醫院去探望、陪伴他。

同學們看見班上最健康、活潑的梅凱，如今變得面黃肌瘦，一副病懨懨的模樣，都非常同情，幾乎天天都去探望他。

然而，這天有個同學卻說：「你們有沒有發現，當我們去探望他時，我總覺得他似乎很不歡迎我們。從他的眼神中我居然還看到一絲敵意，現在我跟他聊天，都有一種很不自在的感覺。」

當大家也發現這個情況後不久，梅凱的病房開始掛起一張「謝絕訪客」的牌子。同學們一看見這張牌子，個個都非常緊張，以爲梅凱的病情加重了。

還好，醫生解釋說：「他很好，只是不想再受到打擾，所以請求我們掛上這張牌子。」

原來，親友們的探訪非但沒有鼓舞他，反而讓他對於自己的身體狀況，越來越覺得苦悶、自卑，不想再見任何人。

沉悶的情緒一點也無助於病情的康復。心情一點也開朗不起來的他，只想一個人獨自靜靜地面對這一切。誰知終日鬱鬱寡歡的他，居然開始出現厭世的念頭。不過，他很幸運，因爲今天來了一位新護士，她了解梅凱的情況後，決定幫助他重燃希望。

這天她對梅凱說：「梅凱，我有一件事想拜託你，可以嗎？」

梅凱懶懶地看著她，說：「好啊，什麼事？」

護士說：「前幾天，醫院裡來了一位女孩，她由於感情受創，身心受到極大的創傷，現在的心情一定非常苦悶。我想請你寫幾封信鼓勵她，相信這對她的病情會有益的，好嗎？」

梅凱想了想，點頭說：「好！」

於是，梅凱爲這個「女孩」，寫了一封又一封的信。

他編造自己曾與她擦身而過，從那天開始，便時常想起她，還說得知她的病情之後，便寫了這封信，希望與她一起抵抗病魔。

梅凱不知不覺中改變了，他相信有個女孩，因爲他的鼓勵，重新燃起生命的希望。他更期待有一天，能與這個「筆友」展開一段美好的情誼。

梅凱寫了許多封信，雖然女孩從未回信，但他還是在信中不斷提及：「等我們康復了，一定要一起到公園裡散步喔！」

透過分享，梅凱的身體狀況也越來越好了，很快地，他便收到了可以出院的消息。就在準備出院的前一天，梅凱向護士詢問女孩的情況：「不知道她的病情如何？我可以見她嗎？」

護士微笑地說：「可以啊！她的病房在四一四。」

梅凱開心地來到四一四病房的門前，他終於可以見到這個女孩了。

但是，門一打開，裡面卻沒有人，梅凱緊張地跑出來問其他的人：「請問，裡面住的那位女孩呢？」

護理人員回答說：「這間病房已經空很久了啊！之前住的是一位老先生，沒有女孩啊？」

梅凱失望地走出醫院，就在他回頭看醫院時，忽然恍然大悟：「啊！一定是那位護士小姐！」

是啊，正是這位好心的護士小姐，為了幫助他早日康復，要他透過「分享生活」的方式，在給予別人希望的同時，也給自己一個希望。她虛構了一個與他同病相憐的女孩，讓他明白，病痛不是只有他一個人，還有許多人也是如此，何不用更積極的態度面對呢？

透過分享，男孩學會了積極生活的最好方式。不管生活多麼艱難，病痛多麼辛苦，最終也要靠著自己的力量，重新燃起希望，重新再站起來。

遭遇病痛應當如此，想成大業的你，也該用積極的態度面對困難。就像古今名人所說的，別害怕偶遇的困境，也不要用頹喪的心情做決定，因為危機便是轉機，越是艱難的時刻，也是我們最接近成功的時候。

用愉快的心情面對人生

「投入」不是「蠻幹」，「忘我」也不等於「拚命」，保持愉快的心情，樂在工作，自然能獲得出乎意料的成就！

每個人追求的目標都不會相同，結果當然也南轅北轍。

有的人最在意眼前的腳步是否踩得踏實，有的人則是沉浸在尚未達到的成功與財富當中，雖然腳步也走得很快很急，卻老是忘記留心腳下的步伐是否走得穩健。

不知被什麼事情困擾的馬克．科斯達，坐在休息室裡發呆。達達一走進來，看著滿臉困惑的他，關心地問：「怎麼了？有什麼問題嗎？」

馬克抬頭看著達達，問道：「怎麼他能那麼陶醉在工作中，而我卻這麼辛苦呢？爲什麼我付出那麼多，成績卻總是差他一截呢？爲什麼……」

達達聽著馬克的自言自語，連忙打斷他的疑問：「因爲方法不同！」

馬克一聽，更加困惑了：「方法不同？難道我還不夠努力？」

達達說：「不是你不夠努力，而是你只是盲目地做牛做馬，根本沒有投入工作中，你知道嗎？」

馬克抗議說：「我怎麼沒有投入？」

達達笑著說：「別生氣，我是在分析你的工作情況。其實，辛勤工作並不表示你眞的投入了工作中。像是砌牆的工人，有人默默地埋頭苦幹，但是心裡卻充滿著『無聊、好累』的想法。有人則是一面工作，一面想像著牆砌好後的面貌，甚至還會開心地規劃著，完成後要種植玫瑰或藤蔓，讓花草美化這面牆。所以，在努力砌牆的同時，已經看見了努力的成果。前者，雖然拚了命地工作，但卻完全看不見努力付出後的果實，因爲眼前的工作對他們而言，與苦刑差不多。」

馬克看著達達，雖然嘴角動了動，卻一句話也說不出來。

達達問：「你在工作時，心中想的是哪一個情況呢？」

馬克低著頭，苦笑了一聲。

達達微笑著說：「全神投入工作中有很多情況，有人像牛一樣，辛苦地在工作上打轉，卻一點進展也沒有。有人則是眞正地投入工作中，除了辛勞付出外，還會讓自己不斷地提升，讓能力越來越精進，工作對他們來說，從來不會無聊乏味，反而是趣味無窮。」

馬克無奈地說：「我知道態度很重要，卻不知道要如何改正才好。」

達達說：「先忘記你追求的名與利吧！當你到了『忘我』的境界，就會知道根本不必想太多。」

有個心理學家問了一百七十五位職業棋手、舞蹈家和運動員，題目是：「爲什麼你能陶醉在工作中？因爲可以獲得名利？還是爲了贏得勝利？」

結果答案是，他們只知道投入工作和比賽，過程中從未想過名利與輸贏。

這就好像我們常說的「黑馬」一般，在不被看好的情況下，「黑馬」也不會想太多，只會告訴自己：「別管輸贏，只要盡了力就是成功！」

他們眞正要突破與爭取的，不是最後的獎賞，而是自己是否比上一次更好。他們不會計較付出，只知道一次要比一次更進步，所以不僅能突破自己的成績，更能超越別人的評估，爲自己換得眞正的勝利果實。

「投入」不是「蠻幹」，「忘我」也不等於「拚命」，保持愉快的心情，樂在工作，自然能獲得出乎意料的成就！

別用情緒解決問題

在職場上，聰明的人不會用情緒來面對事情，不管事情合不合理，即使要據理力爭，也會用最溫和的方式來爭取。

積極的情緒和情感會增強人的活動能量，至於消極的情緒和情感，只會使人對工作怠惰輕忽，動輒產生不愉快的心情。

用不愉快的心情做事，非但得不到別人認同，也會消耗自己的熱情，久而久之更會銷蝕自己的人生。

有句德國諺語說得很好：「當一個人情緒上來的時候，就好像脫光了衣服赤裸地站在大家的面前。當然，大多數人在這樣的情況下所表現出來的，幾乎都是當眾出醜。」

一個放縱情緒，習慣用心情做決定的人，不但無法解決問題，反而把事情攪得更亂，徒留眾人笑柄罷了。

某間公司有四位打字小姐，維莉．哥頓正是其中一員，由於工作量大，四個人經常忙得不可開交。

這天，副理把維莉．哥頓叫進辦公室，要求她重打一份信件。

維莉看了看那封信，厭煩地說：「副理，我認爲這封信只需要改一改就好，不需要全部重打。」

副理也口氣不好地回應說：「喔，妳不想重打嗎？那我再去找個願意做的人來做好了。」

維莉一聽，心想：「什麼跟什麼！我不過是提個建議，免得浪費大家的時間，又不是不願意做。」

情緒有點差的維莉，轉念又想：「如果我說不打，說不定會藉此機會趕走我。反正他們有付我薪水，何不開心點工作？更何況，多做一點事，並不代表就是吃虧啊！」

想到這一點，只見維莉臉上立即堆滿歉意與微笑說：「沒有，我當然要做，我只是猜想這封信應該很急，所以想建議您用修改的方式，不僅節省時間，速度也比較快啦！」

副理看著維莉身段放軟，口氣和緩，原本即將發作的怒氣便收回來：「這不急，快拿回去重打吧！」

之後，維莉自己檢討了一下：「何必想那麼多？工作那麼辛苦，何必把心情弄得那麼不開心呢！老闆交代，我只要盡力就好，以後別再想那麼多了，開開心心地工作不是很好嗎？」

換作是你，你會怎麼解決類似的事情？有個性地拒絕，還是像維莉一樣，用微笑面對呢？

這就像智者所說的：「再不開心，也沒有人能分擔你的不悅，即使發脾氣也沒有用，因為他們只會認為你的修養不夠。」

在職場上，聰明的人不會用情緒來面對事情，不管事情合不合理，即使要據理力爭，也會用最溫和的方式來爭取。因爲他們知道，情緒並不能解決問題，反而會把問題越弄越複雜。

習慣把激情當瀟灑的人，還是收斂收斂脾氣吧！

知道興趣所在就努力地實踐

找到自己的興趣，並努力地朝著目標前進。只要有實踐的決心，不管多麼困難，都一定能爭取到屬於自己的機會。

我們經常聽到許多成功人士說：「生活上最享受的一件事，是能夠將興趣與工作結合在一起。」

或許有人會質疑：「很難吧！」

但是，提出質疑的同時，請先問一問自己：「我的興趣是什麼？」如果你很清楚自己的興趣和奮鬥目標，那麼你得再問一句：「我是否有實踐的決心呢？」

興趣的重要性只有一個，就是激起你的熱情。

興趣激起的熱忱讓你能夠勇往直前，堅持不懈直到成功。

凱西之前在一家律師事務所工作，辭去工作之前，曾住在哥哥那兒。

有一天，哥哥帶她到一間雕刻坊參觀。對雕刻物品非常陌生的凱西，這天只帶著純觀光的心態進入雕刻坊。

然而她卻沒有想到，一走進雕刻坊後，她的一生竟從此改變。

在接觸這些雕刻品之後，凱西便愛上了這一切，不知道從哪裡來的熱情，凱西迫切地渴望能學會雕刻。

她對哥哥說：「哥哥，從今天開始，雕刻便是我的人生！」

從那天開始，凱西每天午後都會來到雕刻坊，學習所有與雕刻有關的知識與技術。早上工作、晚上學習的生活，對凱西來說有點吃力，但是，她卻一點也不覺得辛苦。

慢慢地，雕刻在她生活上所佔的地位越來越重要，不僅時間，連她的生活空間也佔滿了雕刻作品與工具。由於雕刻工具與創作品越來越多，凱西只好在家中整理出一間工作室，讓自己能無憂無慮地在創作空間中，全心享受雕刻的樂趣。

付出這麼多的心力之後，老天爺也給了她最好的回報，許多藝術館前來找她，希望能收藏她的作品，而且只要有新作品一推出，人們便紛紛搶購。

獲得肯定的凱西當然非常開心，幾經考慮，最後決定辭去事務所的工作，全心地投入雕刻的世界中。

很多人面對手上的工作，總是抱怨連連，再不然就是怪罪說：「因爲這不是我的興趣所在。」

既然那不是你的興趣所在，何不找出能與興趣結合的工作呢？

畢竟在這樣負面的工作態度下，不僅會拖累你的工作效率，還會降低你的人生樂趣，對你一點幫助也沒有，不是嗎？

向故事中的凱西看齊吧！

找到自己的興趣，並努力地朝著目標前進。只要有實踐的決心，不管多麼困難，都一定能爭取到屬於自己的機會。

沒有夢想目標的人，不妨從眼前的工作中培養出興趣。有夢想目標的人請別再遲疑，因爲，你渴望許久的快樂、充實的幸福人生，就在前方。

找出興趣，就會有愉快的情緒

有些人連自己想要的是什麼都不知道，渾渾噩噩地過著一天又一天。這麼漫無目標地工作，又怎麼會有愉快的情緒呢？

你可曾聽說過，有哪個討厭自己工作的人，最後獲得成功的呢？相信沒有吧！

其實，事業成功的秘訣很簡單，就是把工作與熱情緊密地結合在一起，自然而然，熱忱便會幫助你到達成功的高峰。

娜斯佳一走進辦公室，每個人一看見她，都忍不住糾起眉心，原本的好心情也都要變差了。

因爲娜斯佳從關門開始，不管是臉上神情或是接下來的每一個動作，都充分表現了她的煩躁。

坐在身旁的班本，忍不住搖了搖頭：「又怎麼了呢？」

娜斯佳沒好氣地回答：「心情不好！」

班本問：「怎麼又心情不好了？」

娜斯佳似乎不大想搭理他，煩躁地回答：「就是不好。」

其實，班本很清楚娜斯佳的問題，只是不想直接點明，希望讓娜斯佳自己把問題說出來，才好慢慢地勸導。不過，他看娜斯佳這個樣子，恐怕還是問不出重點來，於是只好直接點破。

班本小聲地說：「妳是不是不想工作啊？」

娜斯佳一聽，猛地轉頭望了班本一眼，不過卻不願意承認。

班本又繼續問道：「每天都在這種情緒下工作，妳難道不會覺得很累、很煩嗎？」

這個問題似乎說中了她的心事，娜斯佳無奈地嘆了一口氣。

班本發現娜斯佳的態度似乎有點軟化，便積極地勸說：「妳想不想工作愉快一點呢？」

娜斯佳眼睛一亮，嘴裡卻不以爲然地回答說：「怎麼可能變得愉快？」

班本問：「妳不喜歡這份工作嗎？」

娜斯佳想了想：「還好，只是不知道爲什麼做得很累。」

班本聽到這個答案，便認眞地對她說：「其實，妳可以很喜歡這份工作的，妳感覺累的原因，並不是因爲工作的問題，而是妳用錯了工作態度。」

娜斯佳不解地問：「那有什麼差別？」

班本笑著說：「差別可大了，因爲妳一直把工作視爲一件苦差事，上班時，妳一定在心裡這麼嘀咕著：『又要上班了，眞煩！爲什麼假期就不能再長一點！』是不是？」

這似乎說中了娜斯佳的情況，只見她尷尬地笑了一聲。

班本也溫和地笑著說：「把工作態度改變一下吧！把工作視爲興趣，並從工作中尋找樂趣，就會像我一樣，每天都能抱著愉快的心情上班啊！」

娜斯佳看著樂觀的班本，忍不住說：「唉，哪有這麼容易！」

班本說：「妳可以的，只要多想一想在工作上獲得的成長與成就感，妳就能慢慢地找到工作的趣味。」

班本忽然湊近娜斯佳的耳邊說：「妳還記得昨天的企劃嗎？

我一早收電子郵件時，老闆已經通過了，而且對妳讚許不已呢！」

娜斯佳一聽，開心地說：「眞的嗎？那接下來，我有很多事要做囉！」

其實，很多人都是這樣，每天抱著煩躁的情緒上班，有些人連自己想要的是什麼都不知道，渾渾噩噩地過著一天又一天。這麼漫無目標地工作，又怎麼會有愉快的情緒呢？

在我們的身邊，不乏一些把工作視爲賺錢方式的人，問他們是否有興趣，他們總說沒有，問他們爲什麼不找有興趣的事情來做，他們總會說：「我已經習慣了，反正混口飯吃。」

相信這類的話語許多人都曾經說過。但是，若只是想混口飯吃，其實很簡單，只要你不怕辛苦，到哪兒都有賺錢的機會，只不過，這類型的人，想從工作中增加自己的身價或獲得成功的機會幾乎是零。

面對工作心情總是不愉快的人，先問一問自己，目前的工作是不是你想要的，答案若是否定的，就趕快找出自己的興趣。如果答案不太確定，那就別想太多，從現在開始培養你對這份工作的熱情吧！

心寬，才能容納更多的幸福

沒有人能十全十美，如果我們願意把心放寬，多點包容與體諒，即便缺點再多的人，也會看見他可愛的一面。

心胸狹窄的人凡事錙銖必較，內心也經常被怨恨或憤怒所佔據，生活自然諸事不順。

仔細想想，當怒氣與怨恨的情緒佔滿心間，我們又怎麼有心思尋找理想與成功呢？

別那麼小氣，心胸寬闊一點吧！把怒火澆息，那麼你才有更寬廣的心田，種下你想要的幸福與夢想。

卡洛絲臉臭臭地走進來，咬牙切齒地對布蘭妲說：「氣死我了，總有一天我一定要報復！」

布蘭妲搔了搔頭，不懂地問：「誰又惹到妳啦？」

卡洛絲生氣地說：「哼，還不是我那個室友！」

布蘭妲又問：「這次又是什麼事？」

卡洛絲氣沖沖地說：「早上我一起來，她又把拖鞋亂放，看了心情就差。還有，昨天公司的傑克又找我麻煩了，我的工作都還沒做完，他又丟了一份文件給我，害我工作情緒大受影響，連自己的工作都沒做好。」

布蘭妲聽完後，忍不住說：「妳要不要把心胸放大一點？」

卡洛絲一聽，火氣全上來了，憤怒地說：「妳的意思是說我小氣囉！」

布蘭妲看見卡洛絲怒火上衝，連忙解釋說：「我不是說妳小氣，我只是覺得，有些事妳可以睜一隻眼閉一隻眼。」

卡洛絲說：「爲何要睜一隻眼閉一隻眼？如果他們故意欺負我呢？」

布蘭妲問：「要是他們眞的是故意的，妳又能怎麼辦呢？」

卡洛絲回答：「我……我……反正他們以後就要小心一點！」

布蘭妲笑著說：「在他們得到懲罰之前，不怕自己先氣得腦充血？」

卡洛絲不以爲然地嘟著嘴巴，不過卻沒有反駁。

「其實，」布蘭妲繼續說：「如果他們不肯改變，火氣那麼大又有什麼用？而且妳的心情那麼差，眞正受『懲罰』的人不是他們，是妳自己啊！」

卡洛絲無奈地說：「我也不想這樣。」

布蘭妲安慰她說：「那妳就對他們寬容一點，既然受不了鞋子亂放，就將它們擺好，這不需要花妳多少時間與力氣吧！何必氣不停呢？至於工作上的事情，如果妳做不完，就跟他們溝通，若行有餘力，幫個忙又何妨。畢竟他們會想請妳幫忙，也是認爲妳的能力好啊！」

卡洛絲聽完後，雙手一攤：「是啊！誰叫我的能力這麼好！」

爲了安撫卡洛絲的情緒，布蘭妲費心勸說，從她的勸說中，我們也看見她心胸的寬廣。

因爲成長環境的不同，因爲個性迥異，每個人的一言一行，幾乎沒有不被挑剔的。也因此，人與人之間的相處最難的地方，就是要能互相包容。

其實，喜歡計較、心胸狹窄的人，不管他人怎麼配合，還是能挑出對方的問題。想一想我們自己，不是也很討厭那些凡事吹毛求疵、事事計較的人嗎？

沒有人能十全十美，生活中也很難事事順心，不過，如果我們願意把心放寬，多點包容與體諒，即便缺點再多的人，也會看見他可愛的一面，難處再多，你仍然能感覺希望無限。

只要誠心，就能吸引顧客上門

不必向客人費盡唇舌，只要用一顆溫暖誠摯的心，自然而然就會吸引到顧客上門，讓生意源源不絕。

對好的行銷人員來說，只要是走進大門的客人，都是他最重要的客人。

經營學家告訴我們，要準確地捉住顧客的心，自己的心中就不能存有偏見。

你知道誰是世界上最偉大的推銷員嗎？

《金氏世界紀錄》一書中有記載，那個人的名字叫做喬·吉拉德。

據說他在十五年內，便賣出了一萬三千輛汽車，賣出最多的那年，便賣出了一千四百二十五輛。

也許有人要問他是怎麼賣的？這裡有個例子可以參考。

曾經有個婦人只是爲了消磨時間，走進他的汽車展示廳。

其實，這個婦人是要購買對面車行裡的一輛福特車款，但那裡的推銷員卻要她等一個小時之後再來找他。吉拉德看見有客人進門，立即禮貌地上前：「您好，我能爲您服務嗎？」

婦人隨意看了看店裡的車子，直接說：「我已經決定要買一輛白色的福特車，作爲自己的生日禮物。」

吉拉德一聽，微笑地道賀：「生日快樂，夫人！」

雖然，婦人已經清楚地說明她要的車款，吉拉德這裡也沒賣福特的車，不過吉拉德並不因此而怠慢客人，仍然熱情地介紹自己店裡的車。

當他與秘書說過悄悄話後，便誠懇地介紹自己的白色轎車，不過，是雪佛蘭的車款。過了幾分鐘，只見秘書捧了一打玫瑰花進來，交給吉拉德。

吉拉德接過花束之後，立即轉身對婦人說：「祝您生日快樂，夫人！」

婦人看見吉拉德這個舉動，雖然吃驚卻非常感動。

在這裡她感受到一份顧客的尊榮，不像在福特車行那兒，因爲推銷員見她開著老舊的車子而輕慢對待她。

婦人心想：「不一定要福特的吧？」

於是，她改變了原來的打算，選了這輛白色的雪佛萊，並寫下一張全額的支票給吉拉德。

故事中，吉拉德從未說過：「買我的車吧！」或是批評福特車款的缺點等等，他只是簡單地介紹雪佛萊的特別之處，展現他對顧客的重視。

相信你也曾經有過這樣的遭遇，走進某家店，迎面而來的便是一種鄙夷的眼神。店員從服裝打扮來分辨他們要慎重迎接的客人。當你受盡冷落時，忽然有個光鮮亮麗的人走了進來，他們的態度馬上一百八十度轉變，滿臉微笑外加做作的寒暄，讓你發著脾氣走出去，並發誓：「以後再也不來這家店了，而且還要昭告

天下！」

當然，你也一定曾經遇見這樣的情況，店員熱情地招呼，還親切地說：「沒買沒關係，您慢慢看，有問題都可以問我，大家就當交個朋友囉！」

於是，你也微笑地點了點頭，也許這次沒能挑中你想要的東西，但是下一次經過，你也一定會再走進去。

這就像故事中吉拉德的表現，「以客爲尊」的態度，不必向客人費盡唇舌，只要用一顆溫暖誠摯的心，自然而然就會吸引到顧客上門，讓生意源源不絕。這是吉拉德的成功技巧，你是否學會了呢？

用熱情取代抱怨的心情

用熱情取代抱怨的心情，

能快樂工作的人自然會有工作的熱情，

工作對他而言不是件苦差事，

而是一種生活上的趣味。

隨時都可以展開快樂人生

生活隨時都在變化，只要把握當下，你就會發現生活中有太多事可以同時並行，而當下便是最好的時機。

不管生命多麼短暫，不管生活多麼忙碌，只要我們能掌握眼前的時光，隨時都可以用愉悅的心情展開自己的快樂人生。

你是否正計劃著「等到」退休後才要開始享受愉快的生活？或是認爲唯有等工作結束後，才能享受快樂的滋味？

想想看，在這麼多讓你耐心「等待」的理由中，有哪一個能明確地告訴你快樂人生到來的時間呢？

很多人都像和子一樣，習慣拒絕分享快樂，或許她並非有意地排拒，但是每當她聽見別人的歡笑聲，心中總是出現這樣的想法：「唉！我的世界目前只能這樣，想享受生活，再等一等吧！」

和子與大多數垂頭喪氣的人一樣，根本忘了什麼才是眞正的快樂。

這天，和子遇見許久不見的同學友子。她看著神清氣爽的友子，羨慕地說：「眞羨慕妳這麼輕鬆自在，我好久沒開心過了，妳知道嗎？」

友子不明白地問：「怎麼會這樣呢？當初妳可是班上最快樂

的人啊！」

和子搖了搖頭說：「妳不知道，自從我找到工作並結了婚之後，就再也開心不起來了。」

友子同情地看著和子：「有什麼問題嗎？」

和子嘆了口氣，道：「唉！當初我告訴自己，完成了學業，找到了工作，並在工作有了成就之後，就可以完成最後一件事，那就是結婚。我告訴自己，從此可以過著美好的日子。但是，結婚之後，有了第一個孩子，我又想，只要孩子再大一點，我們的生活就會更加滿足。只是沒想到，事情未如預期，因為帶孩子真正辛苦的時間，不是小嬰兒時期，而是他們青少年時期，於是我又重新計劃，只要等他們再大一點點……」

友子不經意地插嘴：「你們會不會想太多了？」

和子看著友子，心中五味雜陳，也不知道要如何回應友子。

友子開導朋友：「我也結婚了，想當初我的情況並不會比妳好。當時，我也希望另一半有很好的成就，可以讓我們過舒服的日子，希望『總有一天』我們可以四處旅行度假。但是，我更知道，這個『總有一天』根本無法預期，於是我改變了想法：『何不從現在開始？』」

和子搖了搖頭，仍然不發一語。

友子笑著對她說：「不必想太多，其實妳真正需要的只有兩個字『放鬆』。放鬆不一定要把所有的工作都停下後才能進行，生活中的一切，全都可以同時進行。」

你是否也跟和子一樣，寫了一堆計劃，並把心中最渴望的目標放在最後，面對不斷變化的人生，自己真正想達成的目標總是

一拖再拖？

有人會推說：「因爲時間不夠用，計劃必須修正或犧牲，爲了顧全大局，只好把夢想永遠放在最後一個位置。」

但是，你確定這樣的犧牲值得嗎？如果直到你的人生結束時，最想做的事仍然沒有實踐，心中不會有遺憾嗎？

人生目標不在當下實現，又待何時？

阿爾弗雷得·索亞曾說：「長期以來，我總覺得真正的生活可以馬上開始，但是走到半路時總是不斷出現阻礙或麻煩，我必須付出很多的時間來解決這些事情，之後才能重新開始我夢想的生活。直到有一天，當新的阻礙再次出現時，面對要再次被擱置的夢想，我突然意識到，原來這些障礙竟是生活的一部分，從此，我的生活才有了真正的開始。」

有點「繞舌」的說法，道理很簡單，你想過什麼樣的生活，隨時都可以開始！

不必苦等兒女長大，你的夢想生活可以陪著孩子一起成長，更不必再等十年，生活隨時都在變化。

只要懂得把握當下，你就會發現，生活中有太多事可以同時並行，而當下便是最好的時機。

轉個念頭，生活就會快活

生活愉快與否，只要多轉幾個念頭，問一問自己「這是不是我想要的」，感激自己所擁有的一切吧！

有位心理學家這麼說：「人們最普遍和最具破壞性的傾向之一，就是集中精力在我們所想要的，而不是我們所擁有的！」

所以，許多人對於「擁有」的多寡或意義，一點也不在乎，因為在他們擁有之後，還有下一個慾望清單等待他們追逐。

你確定在慾望得到滿足之後，就能快樂起來嗎？

看著那些三餐不得溫飽、流離失所的人，我們卻能夠安穩、健康地走過一天又一天，其實眼前擁有的這一切都已經夠了。

這個星期喬治剛剛付清了新屋的餘款，艾朋看見他難得心情愉快地出現，好奇地問：「什麼事那麼開心？」

喬治笑著說：「我剛剛把房屋餘款付清了。」

艾朋恍然大悟說：「難怪你笑得這麼開心，錢付清了，接下來有什麼新的規劃呢？要陪太太到哪兒度假？」

喬治搖了搖頭，說道：「度假？我們剛剛決定，接下來要買更大的房子，所以……」

艾朋苦笑了一聲，意有所指地說：「喔！那你可要好好珍惜

你現在的笑容！」

許多人就像喬治，每完成一件渴望，自然會想朝著更高的目標前進，看著這個又想著另一個，心中很難獲得眞正的滿足。

只是，當慾望無法獲得滿足，生活便會充滿不悅的情緒。即使第一個目標已經達成，面對尚未完成的第二目標，心中仍然不會感到安適，生活自然充滿煩躁與苦悶。

不快樂嗎？想快樂嗎？

換個心態擁抱你的生活吧！

把不斷湧現的「我想要……」，更改為「其實我已經擁有了……」，當你看見別人出國度假時，何不看看故鄉的自然山水與鄉土風情，其實一點也不輸異國風采。

當你計較薪水高低時，如果肯評估一下現況，或者你會這麼說：「總算有一份工作，可以養家活口！」

當你開心地面對難得的工作機會，自然能樂在其中，並因為勤快地工作，而獲得意想不到的收穫。

生活愉快與否，只要多轉幾個念頭，一點也不需要做多少物質上的改變。生活是否快樂，只需要多問一問自己「這是不是我想要的」，只要能對自己點頭，便已經足夠了。感激自己所擁有的一切吧！

用熱情取代抱怨的心情

用熱情取代抱怨的心情，能快樂工作的人自然會有工作的熱情，工作對他而言不是件苦差事，而是一種生活上的趣味。

林肯說：「只要心裡想著快樂，大部分的人都能如願以償。」

面對工作的煩悶與不悅，很多時候問題並不是出在工作本身，而是你在麻煩發生後所產生的念頭。

因此，當問題發生時，何不先提醒自己：「想那麼多，事情也不會消失或自動解決，胡思亂想又有何用？」

小菁回到公寓，門總是順手一甩，讓它產生巨大的聲響，接著把手上的東西用力一丟，最後加上一句：「煩死了！」

室友們也被她這個大小姐脾氣惹得每天心情煩悶，沒有幾個人想搭理她，或是聆聽她的抱怨。唯獨曉琳，只有她願意笑著問：「怎麼啦？又發生了什麼事？」

小菁聽見有人關心，立即氣呼呼地說：「都沒有人知道我的工作壓力有多大，每天要應付那些客戶，都快煩死了！還有，上個月我的業績排第一，但是今天遇到一個爛客戶，這個月業績肯定要下降了，可惡的傢伙！」

曉琳吐了口氣，看著小菁：「呼！聽妳一大串說下來，我覺得並沒什麼不得了的事嘛！」

小菁惱怒地看著曉琳：「哪裡沒有？妳又想嘲笑我了？」

曉琳笑著說：「冤枉啊！我一點也沒有嘲笑妳的意思，我只是認為，如果妳可以放輕鬆一點，心情就不會這麼煩啦！」

小菁搖了搖頭：「很難，光想到工作，我就輕鬆不起來！」

曉琳同情地看著小菁：「這份工作不是妳的興趣嗎？」

小菁點了點頭：「是啊！」

曉琳說：「既然是，妳怎麼不肯開心地面對？想一想，有多少人能像妳一樣，做自己想做的事呢？」

小菁看著曉琳，苦笑了一下。

曉琳說：「把妳的熱情找回來吧！既然是興趣，妳可以把工作視為一種生活樂趣，用輕鬆的情緒玩出成就來，妳覺得呢？」

聽完曉琳的話，小菁的情緒已經輕鬆許多，笑著對曉琳說：「妳要不要來我們的公司做教育指導員？」

我們要如何從工作中獲得樂趣呢？

只有簡單的四個字，那就是「樂在工作」。

既然有興趣，自然能發揮所長，也一定能激發潛能，假如這份工作是你的興趣所在，再多的辛苦都會遺忘。不管有多少困難，也會激起你挑戰的興趣，為生活增添無限的樂趣。

有位客服人員從單調乏味的工作中，也能發現趣味，他說：「我會從對方的聲音中，推測他的個性，經過經驗累積，慢慢地我就可以順著客人的性情，輕鬆地解決他們的疑問。」

用熱情取代抱怨的心情，能快樂工作的人自然會有工作的熱情，工作對他而言不是件苦差事，而是一種生活上的趣味。

快樂做事，才是享受生活的方式

不管是在工作上還是生活中，培養積極、勤奮的生活態度是最重要的事。積極快樂地生活，自然能擺脫無謂的煩惱與憂愁。

不要以為挑些簡單、輕鬆的事，就可以避開麻煩與困難，老想著偷懶的人，即使再簡單的事，一到他的手中，也會變得比別人更加艱難。

何必斤斤計較分工平均與否，或是哪件事比較簡單，哪件事比較困難？輕鬆事只會落在那些「隨遇而安」的人手中。

對他們來說，任何事都是輕鬆簡單的任務，至於斤斤計較的你，之所以老是挑到困難事，只因你總是這麼想：「別人的任務永遠都是最輕鬆的！」

美因茲的一位主教認為：「一個人的身心就像磨子一樣，把麥子放進去，它會把麥子磨成麵粉；如果你不把麥子放進去，磨子依然會照常運轉，但卻不會磨出麵粉來。」

主教的意思是要提醒人們，勤勞的人才能得到生活的成果，一個無所事事的人，不管人緣多好，或名聲如何響亮，當他終日游手好閒時，無論如何是不可能獲得生活的樂趣與幸福感的。

試想這樣的生活，一早起來，吃完早餐後，便無所事事地過完一天，接著吃完晚餐後，便上床睡覺，你是否反而覺得手足無措呢？

人是活的，沒有人能適應「無所事事」的生活狀態。所以我們看見許多老人家，即使人們都告訴他：「好好地享受生活！別再那麼忙碌了。」但是，我們卻發現，他們一點也不聽勸說，生活仍然非常「忙碌」。有人每天種花養草，有人則是重拾書本，就像有位七十歲的老爺爺說的：「我一點也不想坐著等死，何況做這些事我一點也不覺得累。」

從他們身上，我們看見生活的熱情，也得到生命的啓發：「活著，就要積極地動起來！」

熱愛生命的最好方式，就是勤快地生活。

不管是在工作上還是生活中，培養積極、勤奮的生活態度是最重要的事。熱愛你的工作，快樂地做每件事，才是享受生活的最佳方式。

較之於失業已久或坐臥在病榻上的人來說，忙，眞的是一件好事。

能活力十足地行動著，表示你身強體健，不必忍受疾病的折磨。能在工作中積極忙碌，表示你的工作穩定，不會有失業裁員的恐懼。

面對著這麼多「好事」，你又怎能不熱情工作，盡職地完成每一件事呢？積極快樂地生活，自然能擺脫無謂的煩惱與憂愁，因爲在我們的腦海中，只會出現「勤勞」與「快樂」的生活能量！

態度決定你的生命高度

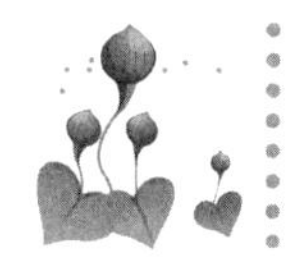

再艱難的環境，都有人可以走出自己的一片天，其中要訣不在他的出身，而在他的態度。

一個人的生活究竟是快樂的或是痛苦的，關鍵往往在於抱持著什麼心情看待事情，以及用什麼態度面對工作。

很多時候，只要我們願意積極、正面地看待，就可以讓自己的人生更加多彩多姿。

霍克博士說：「不管我換了什麼新工作，也不管我走到哪裡，我都願意以上帝之名發誓，我會用這雙手，快樂而熱情地工作，即使暫時無法找到工作，我也能為自己創造出絕佳的工作機會。」

人生最幸福的事，莫過於天天都能朝氣蓬勃地工作。

讓我們天天都用最快樂的情緒，充滿自信與活力地朝著明確目標積極前進，千萬不要讓消極的心情決定事情的發展方向。

賽地．史密斯還在約克郡的弗斯頓克區擔任牧師時，心裡總是想：「我實在不適合當牧師！」

雖然他一直認為自己並不適任，但是每天還是帶著愉快的情緒，努力地突破對自己的否定。

他慢慢地發現：「當我決定要愛上這份工作時，就決心要盡

全力做到最好。因爲我發現，不斷地發牢騷，嫌棄這份工作，反而讓我更加厭惡自己。與其被厭惡的心思佔據，不如讓『歡喜』的情緒充滿心中，當我開始喜歡這份工作之後，我也越來越喜歡自己了。」

曾經有位卓越的建築師，也像史密斯一樣，給了自己一個正確的生活態度，締造了一個成功的開始。

成功之前，建築師有一年從東方旅行回來後，決定了一件事。

他想著：「我知道我想要什麼了！」

原來他想要的工作，並不是成爲一位傑出的建築設計師，而是房屋維修工人，一個建築分工中最基層也是收入最低的職業。

每個人遇見他，都忍不住要提出質疑，但是當時這位建築師卻說：「這是最好的開始！」

他不願更換工作，在炎熱的夏季他仍然開心地坐在屋頂上，專注地修補著，當斗大的汗水滴下來時，他舉起手擦了擦臉上的汗珠，大聲喊道：「對我來說，這份工作實在太棒了！」

工作上的一切，沒有什麼比「態度」更重要的了，你可以不爲五斗米折腰，也可以爲了自尊甩頭走人；但是在你離開之前，請先問一問自己：「從進公司到現在，面對工作你是否完全問心無愧？」

現代人有各種冠冕堂皇的理由藉口。某些領失業救濟金的人，面對失業時抱怨著：「薪水太低了！」

更有人這麼說：「因爲失業率高，所以我找不到工作啊！」

當人們追問：「你找了多少家公司？」他們則理直氣壯地告訴你：「何必找？數據顯示了那麼清楚，不用找也知道！」

你是否也認同這樣的理由？又或者，你與身邊的人也曾說過這樣的藉口？

再艱難的環境，都有人可以走出自己的一片天，其中要訣不在於出身，而在於態度。

就像故事裡的建築師一樣，也如霍克博士表示的：「只要有信心、有決心，人人都有機會！」

態度決定你的生命高度，你的工作目的是什麼？增加收入？填補空白的時間？還是發掘生活的多元樂趣？

建立正確的工作與生活態度，時間一到，你的腳步自然而然會來到你夢想的目標！

為自己的工作注入生命力

面對目前手上的工作，要清楚地問一問自己，是否真的是興趣所在？如果不是，是否能積極地找出興趣，改變現在的生活？

工作本身並不會讓人倦怠，但是你的工作態度如果充斥著乏味、煩躁與焦慮，就會讓生活充滿挫折感。

所以，能在工作中「自得其樂」的人，他們會告訴你：「工作時的活力與幹勁，全靠我們自己找尋。」

阿布雷西是底特律某家汽車維修公司的技工，每天的工作不是鎖螺絲，就是輪車床，整天都得跟這些烏漆抹黑的汽車零件打交道。

當其他技工抱怨工作乏味時，唯獨他精神抖擻地工作著，不放棄任何學習的機會，因爲他未來的人生全靠好好做好這項工作。

他下定決心，要從工作中培養出興趣。

只見他開始學起汽車的構造、研究車子發動的原理、比較汽車與火車的運行原理有何不同等等，只要有關汽車的知識與學問，他都仔細研讀。

慢慢地，他眞的培養出高度的興趣與熱情，即使雙手仍然又油又黑，卻工作得相當快樂。

經過努力，他不僅成了該維修公司的專業招牌，更讓主管願意出資培植，讓他進入大學，攻讀機械製造。

有位心理學教授曾經做了這樣一個實驗，他把十八位學生分成兩組，讓第一組學生從事他們感興趣的任務，另一組則給他們安排不感興趣的工作。

不久，第二組學生便狀況百出，各種逃避與挑剔的小動作開始出現，再一會兒時間，他們抱怨聲起，還有人出現頭痛、身體不適的情況。而第一組的學生情況卻與他們完全相反，每個人臉上的神情都非常專注，他們只想著如何立即完成手上的工作，得知最後成果。

試驗的結果我們早可預見，就像兩組學生一樣，面對感興趣的事與沒興趣的工作，大多數人的反應與兩組學生無異。

就像教授實驗的目的一樣，我們應該認識自己內心的感受，知道「興趣」對生活的重要。面對目前手上的工作，要清楚地問一問自己，是否真的是興趣所在？如果不是，是否能積極地找出興趣，改變現在的生活？

如果你已習慣現在的生活，不想改變，那麼就別再抱怨了，快培養出工作的熱情與興趣吧！

如果你只有萬分之一的機會

因為『萬一』的情況不同，你可以有不同的選擇，但是無論情況如何，最終你都要忠於你的選擇，而且永不後悔！

教育家海倫凱勒曾經說：「也許人就是這樣，有了的東西不知道珍惜，沒有的東西卻又一味追求。」

生活原本就在擁有與失去之間循環，只是當人們失去時，是否能積極地爭取新的東西來塡補，卻是因人而異了。

隔壁住著一對十分恩愛的夫妻，先生是位國中的體育老師，大家都叫他小林老師；他的妻子小雅則是小學的音樂老師，無論在社區中或是學園內，只要人們看見他們夫妻倆走在一起的身影，總是充滿羨慕地說：「你看，他們眞是幸福！」

但是，人生似乎總避不開意外。

有一天，小林老師正在教導孩子們如何運用單槓活動時，雙手竟然沒有抓穩，當場從高高的單槓上墜落。更不幸的是，當他落地時，居然是頭部先著地，也因爲頭部的撞擊，讓他從此再也沒醒來了。

緊急送醫後，醫生當場宣佈：「對不起，雖然他的性命保住了，但由於傷及腦部，從此恐怕都要躺在床上了。」

看著原本活力十足的丈夫，如今竟成了植物人，安靜無聲地躺在床上，小雅忍不住伏在床邊哭泣。

朋友們看了都心生不忍，紛紛安慰她說：「別太難過！無論如何，妳的日子總得繼續下去！」

小雅看著友人，點了點頭，隨即擦了擦眼角的淚，接著輕輕地呼喚著：「老公，你一定要醒來啊！」

深情的小雅辭去了工作後，從此寸步不離地守候在丈夫的身邊，她堅定地說：「我一定要等他醒來！」

只是，這一等便等了十年。

其間，醫生也曾對她說：「依林先生的情況，醒來的機會恐怕很小，妳要有心理準備。」

當然，更有親友這麼勸她：「小雅，妳別這麼傻啊！妳已經付出很多了，還是趁著年輕找個新的依靠吧！」

小雅一聽，用力地搖了搖頭，不悅地說：「你們別再說了，萬一他明天醒來呢？我們又料不準，不是嗎？」

聽見小雅這麼說，小雅的阿姨忍不住這麼回應：「是啊！妳都知道事情說不準了，那『萬一』沒醒過來呢？」

小雅生氣地說：「我不怕那個萬一，因為，別人是擁有九千九百九十九個幸福，害怕的是那萬分之一個不幸；而我卻是相反的情況，我已經失去了九千九百九十九個幸福，如今只能苦等那個『萬一』，我只求那萬分之一的幸福能早日降臨！」

朋友們知道勸不了她，只得陪著她的癡心，一同祈禱小林能早日醒來，然而這一等又過了十年。

如今她還在等待著，看著她如此深情地守候著，親友們的心也深受感動。

他們相信，終有一天，小雅會等到那萬分之一的幸福！

因爲擁有得越多，所以我們越容易忽略當下的擁有，反觀故事中的小雅，因爲失去了太多，所以她更加珍惜眼前，雖然未來不知能否達成她的期望，但是她知道：「如果我就這麼放棄了，一旦那『萬分之一的機會』發生，我一定會終生懊悔！」

現在，我們和小雅換個角色，如果你只有萬分之一的機會，你是否願意繼續爭取這微乎其微的機會呢？

人生的機會確實不多，死守著這樣未可預知的機會的確有些危險，但是，因爲個人的需要不同，價值標準不同，失去時，有些人會把失去的東西積極爭取回來，也有人寧願放棄，重新找尋新的未來。

只是在這個容易產生矛盾的情況中，我們到底該怎麼選取，其中標準界線又在哪兒呢？

標準就在故事中：「因為『萬一』的情況不同，你可以有不同的選擇，但是無論情況如何，最終你都要忠於你的選擇，而且永不後悔！」

偶爾「吝嗇」，對自己也有好處

「吝嗇」不必非得與守財奴絕對畫上等號，
其實適度的吝嗇也等於儉約、不浪費。

珍惜生活中的寶貴時光，珍惜生命中所有美好的東西，這樣的表現或許會被某些不懂得生命意義的人批評爲「吝嗇」，但是只要自己心靈感到富足，又何必在意別人的眼光？

「吝嗇」不一定全指壞事，適度的吝嗇可以讓我們愛惜身邊的一絲一縷，不捨得輕易丟棄。

偶爾的吝嗇不僅對自己有好處，還能減少不必要的麻煩。

「吝嗇」一詞，普遍來說並不能算是人的美德，但是，這兩個字對居里夫人來說，卻是非常正確的生活態度。

夫人與居里先生剛結婚，走進新屋裡時，客廳裡居然只有兩張椅子而已，只夠他們夫妻倆一人一張。

居里先生一看，立即提出意見：「椅子太少了，我們再買幾張吧！客人來訪時，才不會沒有椅子坐。」

不過，居里夫人卻回答說：「嗯，多些椅子是好的，問題是，這樣一來，訪客們坐下來之後，就很難走了，那麼，我們不就少了許多研究的時間？我想，爲了多點時間研究科學，還是別添購

了吧！」

的確，少了幾張椅子，真的讓他們多了許多研究的時間，不久之後，他們發現了化學元素「鐳」，爲科學世界擴展了新的視野，也讓居里夫人榮獲諾貝爾化學獎。

當居里夫人的年薪從幾千法郎增至四萬法郎時，生活依舊，並沒有因爲薪水增加而改變她的生活態度，特別是別人眼中的「吝嗇」生活。

她每次赴宴回來，總是會帶回許多宴會上的精緻菜單，對此，她這麼說：「你們看，這些菜單用的紙張都非常厚，在它空白的背面書寫物理或數學等算式，是再合適不過的。」

此外，她身上經常穿的那件毛衣，也已經穿了快二十年了，雖然有許多補丁的痕跡，但是從衣物的保持上來看，還是看得出夫人的愛物惜物。

有一回，某位美國記者來到一個老舊的房舍前，向一位光著腳丫，坐在門口的婦人打聽居里夫人：「請問，您知道居里夫人住在哪裡嗎？」

只見這個婦人緩緩地抬起頭來，微笑著回答說：「我就是居里夫人！」

曾經有心存嫉妒的人這麼嘲諷居里夫人：「一直到死，她總是像個匆忙的貧窮婦人。」

什麼樣的生活狀況叫做「貧窮」？如果夫人願意辯駁的話，相信她會說：「貧窮？我一直都過得相當富裕啊！」

「吝嗇」不必非得與守財奴絕對畫上等號，其實適度的吝嗇也等於儉約、不浪費，就像居里夫人愛物惜物的情況一樣。又像

她爲了不浪費時間，有技巧地用減少坐椅，節省下與客人無謂的聊天時間一般，讓她爭取更多的時間發現新事物。

是吝嗇還是節儉，其實有一個客觀的判斷標準，如果只是爲了物慾的滿足或死守財富，那便只是個吝嗇鬼，因爲他們的心靈幾乎是貧窮的。

如果是知道充實自己，以富裕自己的心靈爲最大滿足，即使居住在陋巷，也比任何人都要富有。

堅定信念地朝自己的目標前進，不必理會旁人的閒言閒語。別人膚淺、無知的嘲諷只是暫時的，根本不值得動氣。你該做的微笑以對，將時間花費在更有意義的事務上。

充滿勇氣就能創造奇蹟

只要你有決心與勇氣，

就會懂得借助浪潮的起伏，

趁著高漲的大浪，

迅速地到達成功的彼岸。

充滿勇氣就能創造奇蹟

只要你有決心與勇氣，就會懂得借助浪潮的起伏，趁著高漲的大浪，迅速地到達成功的彼岸。

「見好就收」對於慾望多的人來說，是一句絕佳的警語。

然而，對追求無限生命的人來說，見好不一定要立即收兵，而是要趁勝追擊，一舉攻下成功的堡壘。

美國田徑名將卡爾．路易斯是奧運金牌的常勝軍，曾經拿下九枚奧運金牌。就在他拿下第八枚奧運金牌的時候，已經年屆三十二了。

在衆人的豔羨聲中，一些看著他成長的評論家，紛紛提出建議：「如果路易斯在這個時候退休，將是最好的時機！」

但是，對於路易斯來說，他認爲自己的狀況還非常好，不必「見好就收」，田徑是他生活上最重要的事，他相信自己能超越巔峰。

然而，路易斯接下來的情況，不僅沒有跑出一定的水準，甚至連續三年都苦嚐敗績。路易斯在這些舉世矚目的賽場上，不是被提出資格不符，便是在首輪就被淘汰出局。

於是各種冷嘲熱諷的評論再次出籠，有人刻薄地批評：「這

個老路易斯啊，居然墮落到誰都輸的地步！」

不過，路易斯卻一點也沒被輿論擊倒，他再次出賽，目標是亞特蘭大奧運會的參賽資格。

勉強以第三名的資格擠進隊伍的路易斯，果然未被擊倒，這一役他再次拿下了奧運金牌的寶座，也再次證明他無窮的潛力！

沒有人知道，你的潛能究竟有多少，也沒有人能預估你的潛力到底有多大，只要你有決心與勇氣，就會懂得借助浪潮的起伏，繼續前行。

當其他人從狂風暴浪中紛紛跌落時，唯獨你能趁著高漲的大浪，迅速地到達成功的彼岸。

一如路易斯，他以絕佳的運動精神，不斷地挑戰自己的極限。這樣的生命是非常耀眼奪目的，即使曾經跌倒失敗，仍然充滿著成功的光芒。

如果你問，生命裡可以有多少不凡，那得看你用什麼樣的態度面對你的人生。

就像路易斯一樣，他相信自己的潛力，有自信能再創佳績，靠著這份自信心，最後不僅讓那些專家跌破眼鏡，更為自己的人生紀錄增添一筆佳績。

別讓情緒壞了大事

遇見無理取鬧的情況，我們不必急著發揮情緒。面對情緒高漲的人，我們也沒有必要給予相同的反應。

詩人喬治．桑曾說：「瞋怒的心情，經常會使小過變成大禍，讓自己從有理變成無理。」

確實如此，最糟糕的狀況莫過於用情緒處理問題，因為，原本可以輕易解決的簡單事情，往往會在我們滲入情緒因素之後，變得棘手複雜。

遇見他人無理的非難，你該怎麼應對？

無謂的辯駁並不會增加成功的機會，那除了突顯你的修養不足外，還更容易讓人看見你的缺點。

石油大王洛克菲勒在公司剛起步時，有一天，有個年輕人突然闖了進來，其他人見狀，上前想阻止這個年輕人，卻怎麼也阻擋不了。

只見他直奔到洛克菲勒的桌前，用拳頭猛力地拍打著桌面，大聲地吼叫：「洛克菲勒，我恨你……」

接下來，這個年輕人恣意地罵了快十分鐘，一群人就站在外面，有人好奇地張望著，也有人猜說：「哇，這個年輕人未免太

大膽了吧！我猜，等一下老闆肯定要反擊了。」

另一個人同意地接著說：「說不定他會拿起墨水瓶打他，或是等會兒叫保全人員來解決他。」

當大家七嘴八舌地討論時，忽然，大家看見老闆將手上的筆放下來，露出和善的微笑，安靜地聆聽年輕人的怒火。

一句話也沒有回應的洛克菲勒，就這樣靜靜地等年輕人把話說完。最後，年輕人又拍了幾下桌面，便匆匆離去。

那洛克菲勒呢？

只見他若無其事地將桌前的座椅扶正後，便又坐回自己的位置，繼續埋頭工作，且始終都未曾提起這件事。

相信，這是洛克菲勒歷練豐富所累積出來的鎮定，也是為了成就大事所培養出來的冷靜吧！

相較於其他人，很多人幾乎都耐不住性子，脾氣一上來便無法收拾，又怎能冷靜地處理事情呢？

試著想一想，如果是你，你的處理方式是否與洛克菲勒一樣？

遇見無理取鬧的情況，我們不必急著隨對方的情緒起舞。面對情緒高漲的人，我們也沒有必要給予相同的反應。因為在怒火燃燒的當下，鮮少有人能理性地解決事情，更別提冷靜思考。既然幾乎都是在「非理性」的情況下，何不待對方無趣地唱完獨角戲後，再好好地把事情解決呢？

沉默不代表無言以對，只是要像洛克菲勒一般，懂得控制自己的情緒，因為前方有更重要的目標，對於眼前的情緒之爭，我們根本無暇理會。

困境是通往成功的途徑

遇到困境，要尋找積極的生命方向，困境才是成功的唯一途徑，難題才是表現能力的重要機會。

當情緒控制一個人的時候，理智就形同遭到綁架。

因此，當你面對困境之時，千萬不能帶著負面情緒，否則就會淪爲情緒的奴隸，做出讓自己後悔莫及的事。

生活沒有解決不了的難題，只有自己不願突破的難關。

困境就是通往成功的途徑，在困境之中，千萬不要任由低落的心情做決定。只要有一個人能從谷底再站起來，爬上最高的顚峰，其他的人就不能說：「我再也爬不上去了！」

爲了能闖出一片自己的天空，阿良離鄉背井到外地經商，努力奮鬥了三年，總算事業有成。

阿良開心地想：「我終於可以衣錦還鄉，光耀門楣了！」

就在他準備回鄉的前夕，老天爺卻跟他開了一個無情的玩笑，一場無名火把他三年來的奮鬥，一夕間化爲灰燼。

面對著殘留的灰燼，傷心欲絕的阿良起了尋短的念頭。

有些恍神的阿良來到了山崖邊，正準備跳下時，卻看見有個老人也站在山崖上，徘徊不決。

他好奇地上前問：「先生，您爲何一個人在此徘徊？」

老先生說：「我原來有個幸福的小康家庭，一家四口和樂地生活著。沒想到二年前，自己卻患了一種怪病，看盡了各家名醫都束手無策，如今家產已經快花光了，我的病情卻一點起色也沒有。如今，爲了醫好我的病，兒女們連三餐都努力地節省，就爲了多留點錢醫治我的病。唉！我眞是家中的累贅，我想，如果我死了，他們就不必再過這樣的生活了。」

阿良看著老人，仔細聆聽著他的每一句話，心裡激發了不少感觸。

此時，遠處有個跛腳的乞丐提著包包，滿臉笑容地跛著步伐走了過來。

乞丐看著阿良與老人，微笑著打招呼說：「天氣眞好啊！你們這麼早就來遊山玩水啦！」

阿良與老人不好意思地點頭回應，當乞丐靠近時，他們這才發現，這個乞丐不只缺了一條腿，還少了一隻胳臂。

看著眼前的乞丐，阿良想：「我不過失去三年的奮鬥血汗，我還年輕，還有機會的，不是嗎？看看那老人家，雖然失去健康，卻有孝順的兒女在身旁，也算是幸福的了。再看看眼前的乞丐，缺了胳臂少了腿，一個人無依無靠，卻能如此自由自在地生活著，相較於他，我連死的資格都沒有啊！」

阿良想通了，他轉身對著老人說：「我不想死了！我覺得我們並不算是天底下最可憐的人。換個角度想，我們只不過沒鞋穿而已，相較於沒有腳的人，我們是很幸福的了，你看沒腳的人都過得那麼開心，而我們呢？」

老人同意地點了點頭，與阿良一同下山。

誰說抱持「比下有餘」的態度，就一定是消極的人？你看阿良不正是從「比下有餘」的角度中，找到積極的生命方向！

現代人的抗壓性越來越弱，動不動就說自己活不下去了。他們是遇到了怎樣的艱難困境嗎？

事實上，他們只不過是滑了一跤，擦破了一個小小的傷口，這個傷口在那些歷經風浪的人眼中，根本不值一提。

但是，他們爲何要尋死覓活呼天搶地？

原因很簡單，因爲他們不知道，困境才是他們成功的唯一途徑，所以遇到一丁點挫折，便無法承受，老是認爲別人或外在環境在爲難他，殊不知，這些難題才是他表現能力的重要機會。

生活中處處都有奇蹟

善用身邊一點一滴的資源，珍惜每分每秒的光陰，我們也能有全新的發現，創造生命的奇蹟。

藝術家塞薩曾說：「在一般人的眼中，廢棄物是無法利用的，但這些微不足道的東西，卻藏著人們料想不到的奇蹟。」

每個人都應該培養敏銳的觀察力，只要用心觀察，你定能從生活中，發現各種唾手可得的奇蹟。

魯利亞是十九世紀中葉著名的俄國動物學家，有一年他生了一場重病，被迫留在家中休養。

他每天只能無所事事地坐在窗前，悠閒地看著窗外的風景。

只是，已經習慣於忙碌的研究生活的他，即使是休息的時候，慣於研究的雙眼卻一刻也無法停歇，因爲這會兒，他又有了新的發現。

他發現站在窗外的馬兒身上有些白色的斑點，在好奇心的驅使下，他繼續觀察研究其他的家畜，並且有了新的發現——牠們也會產生相同的斑點，但是部位卻不相同。

最終他發現了，家畜身上的白斑與牠們的生活條件有很重要的關聯。

魯利亞教授康復後，便依休養期間的發現，寫了一篇論文，題目就命名爲〈由於無事可做〉，發表在莫斯科大學的學報上。

面對疾病、災厄……等等不如己意的情況，最重要的其實是讓自己的心情保持平靜，這將決定你最後是化阻力爲助力，舉步向前邁進，抑或就此敗在惡劣的心情之下。

只要保持好心情，就不時會遇到好事情。

科學家們常說：「生活處處都是科學！」

他們從鳥兒的展翅高飛中，實現了人類飛翔的夢想，也從鋸齒狀的植物身上，得到了鋸子的靈感。我們可以這麼說，各種新奇科技的產生，全都源自於你我的日常生活中。

就像魯利亞一樣，具有相同研究精神的魏格納，也是在病中研究出「大陸漂移說」，因爲科學家們都知道：「每一個研究或發明，都是爲了讓人們有更好的生活，既然如此，研究的時間便不該局限。」

善用身邊一點一滴的資源，珍惜每分每秒的光陰，我們也能有全新的發現，創造生命的奇蹟。

扮演你最想扮演的角色

找出自己的人生方向，找回信心。唯有方向清楚了，並有信心的相伴，才能真正地找回自己的人生，扮演好人生的角色！

在人生舞台上，你最想扮演什麼樣的自己？什麼樣的生活才是你最想要的？你的興趣是什麼？

這一長串的問題，是每個人在認眞面對自己的未來與人生時，非常重要的反省。對於我們自己的選擇，不僅沒有後悔的資格，更不能重新來過。

曾經流浪街頭的路克，一度是個對生活十分絕望的年輕人，當時的他總認爲自己是個被社會排斥的「邊緣人」。

但是，當朋友們兩年後再遇見他，路克幾乎變成了另一個人，每個人看見他都直呼：「你，很不一樣喔！」

原來，現在的他已經是個大學生了，而且對未來充滿信心。

朋友們紛紛好奇地問：「這兩年來你發生了什麼事？」

路克笑著說：「也沒什麼事啦！」

接著，路克吸了一口氣，繼續說：「有一年，我幾乎失去了生活的動力，在最絕望的時候，我想起了我的父親，然後打了一通電話回家，傾訴心中的苦悶。父親聽完了我的情況，只說了一句話：『孩子，好好地想一想吧！想像在天堂裡的你，回溯自己的一生時，會看見什麼樣的自己？或許那正是你一直渴望扮演的人生角色。』父親說完後便掛斷電話，雖然只有一句話，但是已經非常受用了。」

從路克父親的話中，你接收到了什麼樣的訊息呢？

其實，人們在徬徨無助的時候，最需要的並不是安慰，也不是別人給的機會，而是「找回自己」。

相信你也曾經徘徊在十字路口。站在岔路上，我們驚慌的原因並不是沒有去路，而是我們完全失去目標與方向，不知道下一步要往哪兒前進。

這個時候，再多的指引或路標都沒有用。因為此時，我們需要的不是路標，而是「心的方向」。

找出自己的人生方向，找回信心。

唯有方向清楚了，並有信心的相伴，才能眞正地找回自己的人生，扮演好人生的角色！

純真就是神奇的魔力

只需要忘記一些事，拋開一些俗物，看淡得失，自然能找回生活的純真，開心享受人生。

計較越多，心越容易囚困低谷；慾念越多，生活越是無法得到滿足。凡事看淡一些，偶爾像孩子一樣微笑，你會發現一切全是自己想太多了。

人生處處有機會，只要我們帶著簡單、純眞的雙眼觀看世界，即使遇見再多的敵手或麻煩，也不必擔心、害怕。

就像跌倒的小朋友所說的：「拍拍屁股就好啦！」

有一群人膽顫心驚地在黑暗中行走。

忽然，眼前出現了一道光芒，當他們越來越靠近光源時，這才發現，居然有個長相奇異的鬼怪在火堆邊跳著奇怪的舞。

一看見怪物，所有人開始四處奔逃，還有人叫嚷：「快把怪物殺了！」

就在這個時候，有個小女孩卻一動也不動地站在怪物的前方，專注地看著怪物的舞動，似乎被那奇異而炫目的舞蹈吸引著。

接著，小女孩無懼地上前，並開始模仿鬼怪的舞姿，開心地舞動了起來。

女孩的舞姿越來越美，越舞越燦爛……

在此同時，人們從擔心驚恐的神情，轉變爲驚奇與讚嘆，連魔鬼也看得出神。最後，居然連鬼怪也跟著小女孩的舞動，愉快地盡情舞蹈。

看著小女孩的舞動，你的心情是否也跟著愉悅了起來呢？

爲什麼孩子的微笑最迷人？

因爲，尚未被世界污染的孩子們，只會用最純眞而直接的心與人溝通。他們只懂得用最簡單的情感表達自己的情緒，所以他們的笑聲或話語，雖是童言稚語，卻是最眞誠的，是大人們無法抗拒的魔力！

其實，這個魔力每個人都渴望擁有，只是很多人都找不回來。因爲，我們已經很難像孩子們一樣，放下私慾與偏見，也無法忘懷得失，更甚者，還經常被外在事物干擾。

想不想找回這個魔力呢？

想找回其實一點也不難，只需要忘記一些事，拋開一些俗物，看淡得失，自然能找回生活的純眞，開心享受人生。

讓自己的腳步踏得更紮實

持守自己的長處，並盡力彌補缺點，讓每件事都能達到盡善盡美，這是每個人應該秉持的工作態度。

在職場上，別忽略每一個小動作。

即使只是彎腰鞠躬，如果做得不夠確實，人們也會對你的服務精神與溝通誠意大打折扣。

倘使別人的評價與你的認知出現差距，也別急著鬧情緒，責怪對方吹毛求疵。只要你願意虛心接受，用積極樂觀的態度面對現實，就能讓自己的腳步踏得更紮實。

喬治爲了多賺點零用錢，每天都會出去幫人割草。

這天，他打了一通電話給強森太太：「請問，您需要割草工嗎？」

強森太太說：「謝謝，不用了，我已經請割草工做過了。」

喬治又問：「沒關係，我還可以幫您清除花叢中的雜草。」

強森太太又說：「謝謝，我請的工人也已經清乾淨了！」

喬治說：「我可以再將您的草地與走道四周，割得再整齊一點。」

強森太太笑著說：「喔，眞的不用了，我請的那位工人做得非常好，不需要有任何修補。謝謝！下次有機會再與您連絡囉！」

喬治聽完，只好掉掛電話。

這時，他的室友不解地問：「你剛剛不是才到強森太太家割完草嗎？怎麼打這樣的電話？」

喬治回答說：「嗯，我只是為了確認我是否做得夠好，有沒有令對方不滿意的地方。」

為了確認自己的工作是否合格，也為了找出缺點，喬治打了這通電話。這通電話代表的，不只是喬治的服務精神，還預示著他即將到來的成功。

持守自己的長處，並盡力彌補缺點，讓每件事都能達到盡善盡美，這是每個人應該秉持的工作態度。

虛心接受人們的批評，謙虛地接受人們的讚美，你才能在這些聲音中，聽見眞正的建議，也才能及時找出自己的錯誤，修正缺失，讓成功的步伐每一步都踏得比別人紮實。

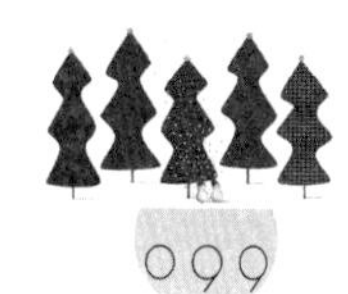

給自己一個正確的理財觀念

理財的目的與水庫儲水一樣，都要有量入為出與儲蓄節省的觀念，懂得預留備胎的人，遇到突發狀況，始終都能安然渡過。

仔細算算你曾擁有的手機有多少款？再仔細算算你的衣櫥裡，有多少衣物只穿一次便無法再見天日？

每個人都有許多慾望，但有些慾望確實是多餘的，希望擁有財富享受人生的人，除了要能辨別哪些東西是不需要的之外，最重要的是，要懂得克制自己的消費慾望。

肯尼坐上了一輛出租的計程車，司機問他目的地後，又看了一眼肯尼上車前放進車廂中的一個盒子。

司機好奇地問他：「年輕人，你盒子裡裝了什麼東西啊？」

肯尼忍不住抱起了盒子，開心地說：「音響！」

司機懷疑地問：「是嗎？那你花了多少錢買的？」

肯尼聽見司機用如此不屑的口氣，原本喜悅的情緒有些消失，他回應道：「約四十美元。」

司機一聽，立即發出更瞧不起人的口氣：「喔！四十美元啊！」

肯尼想到自己好不容易擁有的小音響，忽然被人用這般口氣

否定，心中十分不悅，他想：「我開心最重要，沒有人可以破壞我的購物情緒。」於是，他反問司機：「那你認爲我該買什麼樣的音響才對呢？」

計乘車司機聽見肯尼這麼問，似乎正中他的下懷，於是用著專業的口吻說：「嗯，我認爲，你應該買像我車上的這個音響系統……」

沒想到司機話匣子一開便停不了了，他一路不僅介紹車上的音響，還詳細地介紹他家中的高級音響設施與選購過程等等，而肯尼也乖乖地坐在車上，靜靜地聽著司機約二十分鐘的吹噓。

司機一路講了許多專業術語，肯尼問他：「你買了那麼好的音響設備，但是你能把音量調得很大嗎？那不會影響鄰居嗎？」

只見司機驕傲地回答說：「我是個有水準的人，當然不會影響到鄰居們，我在屋裡做了很嚴密的隔音處理，如此一來，不管我的音響開得多大聲都不會影響到任何人。」

忽然，車子停了下來，原來目的地到達了。

就在這個時候，準備下車的肯尼問了司機一個問題：「我想問一下，你那套音響要多少錢？」

司機很大聲地說：「那不便宜喔！大約要一萬九千美元。」

肯尼又問：「哇，果眞不便宜，那你打算花多久的時間租這車子呢？」

司機一聽，聲音忽然降低了下來，答道：「可能會一直開下去吧！我沒有錢投資買車，而且目前存的錢還不夠養老。」

翻開你我的記帳本，仔細研究其中支出的明細，然後，有多少人能微笑著說「我這個月沒有透支」或「我不必再存款轉帳給

信用卡公司」？

現實生活中，確實有許多人都像故事中的司機一般，爲了滿足虛榮心而過著奢華的享受。他們堅持著人生就是要即時行樂的態度，即使明知未來堪慮，但在慾望的誘引之下，仍然樂於當「月光光」族的一員。

每個月的生活費都透支，你眞的快樂嗎？

當信用卡又刷爆了，下個月的帳單又再累積了一筆無法支付的龐大數字時，有多少人不會發出懊悔聲？

生活不是只有一天，財富也不是每天都有累積，理財的目的與水庫儲水的意義一樣，都要有量入爲出與儲蓄節省的觀念，畢竟懂得預留備胎的人，萬一遇到突發狀況，始終都能安然渡過。

你不害怕自己的未來景象，只剩一間空房子和一部老舊的音響嗎？

人生是串連的，不只僅有當下，過去沒有好好地糾正自己的理財觀念，那麼我們不妨從現在重新開始。

如果你自知是個自制力不夠的人，那麼請把成堆的信用卡剪掉一些，把現金卡全部丟掉，然後每天約束自己的花費。

慢慢地你將發現，原來債務減少的感覺，不只是生活和心理的壓力減少而已；還看見了自己的未來，將是一派輕鬆地坐在搖椅上，安詳且快樂地享受晚年的景象。

保持冷靜，
才能做好臨場反應

只要有實力，又有熱情，

累積的經驗也差不多了，

任何突發的狀況都是表現

才華的最佳機會。

由小動作窺見你的生活態度

萬事都是從小處著眼，態度嚴謹的人都知道，即使成功近在眼前，也不能輕忽成功前的每一個小步伐。

古人有云：「天下大事，必作於細。」

想實現大目標，就得從小地方開始。從細微處開始奠基，才能建構出四平八穩的支架，支撐住你的夢想天空。

有間公司因爲新購了一輛公務車，必須增聘一名司機。由於待遇不錯，來應徵的人非常多，韓德森也是其中之一。

其實，韓德森才剛從監理處拿到駕照，迫於生計只好硬著頭皮去應徵。

和大家一樣，韓德森應試時也是載著經理與主任上路，自知機會渺茫，韓德森開起車來更加小心，只是再怎麼小心，難免還是會有狀況出現。

就在最後一個路口，韓德森突然踩了一下緊急煞車，這個舉動讓經理和主任都嚇了一大跳。待大家都回過神之後，只聽主任有點生氣地罵道：「你在幹什麼？爲什麼不開過去？」

韓德森怯怯地說：「前方有盞紅色警示燈。」

主任看了看，不滿地說：「這裡又沒警察，也沒有其他行人

或車輛，幹嘛那麼死腦筋呢？靈活點，快開車啦！」

在這個僻靜的交叉路口，韓德森抬頭看了看閃爍的指示燈，忽然心情一鬆，認眞地回答：「對不起，我必須尊重這盞燈！」

主任一聽，不以爲然地給了個煩躁不耐的眼神，但是，坐在後座的經理卻是眼睛一亮。回到公司，經理立即向所有應試者宣佈：「我們決定錄取韓德森！」

這個宣佈不僅讓主任大爲吃驚，連韓德森自己也是滿臉懷疑。這時經理笑著上前，對韓德森說：「雖然在駕駛技術上，你還需要加強，不過在員工特質上，你非常符合本公司的要求。」

你是否也很好奇，爲什麼一句「尊重」，韓德森就能夠錄取了呢？

理由其實很簡單，韓德森不只是尊重那盞燈而已，其中還包括了他的守法態度，與行車安全上的自我要求。

因爲韓德森的不投機、不取巧，自然是經理心目中的最佳人選，畢竟他可是將生命託付在韓德森的手中。

一個人的工作與生活態度是無法隱藏的，也許你的信心不夠，經驗也不足，但是只要態度正確，這些不足處終究能彌補得了。

因爲，你用什麼樣的態度生活，很自然地就會表現在你的一舉一動中，身旁的人也會看得一清二楚。

一如韓德森的「尊重」，我們日常生活中所表現出來的每一個小動作，不會只有一個代表意義。

萬事都是從小處著眼，態度嚴謹的人都知道，即使成功近在眼前，也不能輕忽成功前的每一個小步伐。一旦在最重要的關頭鬆懈心思，即使是個小溝渠，也會就此一蹶不起。

保持冷靜，才能做好臨場反應

只要有實力，又有熱情，累積的經驗也差不多了，任何突發的狀況都是表現才華的最佳機會。

老是因為突發狀況不知所措的你，別再用情緒面對事情了。

在這種時刻唯一能做的，就是先讓情緒冷靜下來，因為，這是真正發揮實力的重要機會。

惠妮還是個十幾歲的小女孩時，便已經跟著母親，一起在樂團裡合唱演出。當時樂團發起人錫西也發現了她的歌唱天分，對於她獨特的唱腔與音感非常注意。他相信，小惠妮終有一天必定能用歌聲征服世界。

於是，他與小惠妮的媽媽商量，要好好地培養她的歌唱才能，並捉住一個最適當的機會，讓她展現才藝。

就在惠妮十七歲的那年，有一天，她正在為當晚的表演做準備時，忽然接到媽媽打來的電話。電話的那端說：「孩子，媽咪的聲音啞了，今天恐怕無法唱歌了。」

惠妮一聽，緊張地說：「媽咪，那怎麼辦？我無法一個人上台表演啊！」

惠妮的母親聽見女兒這麼緊張，連忙安慰她：「孩子，放心

好了，妳一定行的，因爲妳的歌聲非常的棒，每個人都會爲妳著迷的！」

惠妮聽見媽媽的安慰，情緒緩和一些，卻仍擔心地問：「可以嗎？」

「放心，妳一定可以的，媽媽會爲妳加油！」

聽見媽媽溫柔的安慰與打氣，惠妮的信心也增加了不少。

於是，這個夜晚便成了「惠妮之夜」，她正是從這個夜晚開始，成了美國家喻戶曉的頂尖歌手。

事後她才知道，原來這是媽媽和錫西一起策劃的「意外」。

媽媽還說：「我知道妳一定可以做到的，因爲，只要妳眞心喜歡唱歌，就一定會盡力完成！」

就像惠妮的媽媽所說，只要有實力，又有熱情，累積的經驗也差不多了，任何突發的狀況都是表現才華的最佳機會。

不管問題多難，都一定能迎刃而解。

不必擔心生活中的突發狀況，不用驚慌，要保持鎭靜，因爲許多成功者都曾這樣回憶著：「要不是那一個意外狀況，也許我到現在還是沒沒無名！」

不要讓心情做決定！仔細想想，能讓我們發揮臨場反應的機會其實不多，一旦遇見時，只要能夠冷靜地面對，那將會是嶄露光芒的關鍵時刻。

讓生活價值轉個彎吧！

生活的價值並不會因為黃澄澄的金塊而更添光芒，反倒是那樸實的水花，最能激起你的精采人生。

星雲大師曾說：「錢本身雖然沒有什麼善惡是非，一旦運用不當，就是『是非』，就會造業。」

也許有人會說：「那就好好地運用啊！」問題是，「慾望」是人們最難克制的情感，只要稍稍鬆動，即入「是非」。

有兩個墨西哥人沿著密西西比河往上淘金，當他們來到一個岔口時，決定分開前進，一個沿著俄亥俄河前進，另一個則沿著支流阿肯色河前行。

十年後，這個沿著俄亥俄河前進的人，眞的找到了金砂，決定要在此定居。他不僅興建了一個碼頭，還修築公路，用心地將居住的小地方，發展成爲一個大城鎮。

幸運的他不禁想起另一位伙伴，自從分手後，沿著阿肯色河前進的友人就再也沒有消息了。

據傳另一個淘金客似乎沒他幸運，有人說他已經葬身魚腹，也有人說他已經回去墨西哥了。不過，這些都只是傳言，沒有人能夠證實它們的眞實性。

直到五十年後，有人在阿肯色當地發現了一個將近三公斤的天然金塊，人們才知道他的行蹤。

當時，有位記者對這個金塊做了追蹤。

他收集到的消息是：「這個全美最大的天然金塊，是來自於阿肯色的一位年輕人之手，據說是這個年輕人在住家後院的魚塘裡撿到的。不過，從年輕人的祖父留下的日記中，人們發現，這個金塊其實是他的祖父扔的。」

日記上是這麼寫的：「昨天，我又在溪水中發現了一個金塊，比起去年淘到的那個更大，唉，這麼大的金塊，眞不知道是否要拿到城裡去賣？」

雖然，這一頁寫著一段猶豫，但在第二頁，他卻果斷地有了決定：「如果賣了，肯定有人要追問金子的來源，然後人們便會蜂擁而至。那麼，我和妻子親手搭起的溫暖木屋，以及美麗的菜園與池塘，恐怕都要遭殃了。夜晚的寧靜將會消失，山雀的美妙歌聲也將被開墾的聲音覆蓋，草原與樹木將被無情地踐踏、折損，所有源自於天地的自然風貌與美麗都將消失。

不行，我絕不讓這種事情發生，我寧願看著池子被這塊大石頭激起水花，也不願意讓這一切從我的眼前消失！」

每個人的價値認定原本就莫衷一是，「金錢是不是生活的唯一」更是衆說紛紜。有人認爲「沒有錢，萬萬不能」，不過，有人卻這麼想：「錢多煩惱多。」

就像故事中的兩個淘金客，不同的決定成就了不同的結果，你認爲哪一個的生活最爲享受？

我們不能否定金錢的功能，只是在汲汲營營於追求財富時，

你有沒有發現，生活中似乎失去了更多的東西？這些沒有預警的失去，總是等到你再也無法從金錢上獲得滿足時，才會發現，眞正的無價之寶原來曾經是那樣地貼近，曾經帶來如今你最渴求的幸福與快樂。

「人爲財死」，當財富帶來的不再是快樂時，就讓生活價值轉個彎吧！

就如大家所熟知的，生活的價值並不會因爲黃澄澄的金塊而更添光芒，反倒是那樸實的水花，最能激起你的精采人生。特別是在光的照耀下，更能閃爍出無限的生命光彩！

不要因為壓力而否定自己

看見別人的成就與自信，我們可以讚嘆也可以欣羨，但是，我們一點也不需要躲藏，更沒有必要自卑。

不管你是富還是貧，也不管你是大老闆還是小員工，從最基本的生活角度來看每個一人的價值，你會發現，其實你和我都是站在同等的位置上。

自卑的來源，絕對不是源起於人們的壓力與否定，而是在於自己的心中，早就否定了自己。

有一年夏天，一個八歲的小男孩與同學結伴，到另一個同學的爺爺家玩。同學的爺爺是個退休將領，住在一座獨棟的兩層樓內，院子裡有一個紅磚砌成的小花圃，環境非常清幽。

對這個從小居住在稻草屋裡的小男孩來說，簡直是人間仙境，眼前的美麗景色令他驚嘆：「這裡實在太美了！」

門打開時，另外兩個同學一起走了進去，但小男孩看著乾淨明亮的猩紅色地板，卻怎麼也不敢踩上去。

就在他遲疑的時候，同學的爺爺居然不留情地把門猛地關上。

這個舉動讓男孩嚇了一大跳，他沒想自己居然會被關在門外，自尊心有點受傷的男孩，忍不住哭著跑回家。

媽媽聽完男孩的訴苦，心疼地擦乾他的眼淚說：「再漂亮的地板也是讓人踩的啊！不要自卑，再漂亮的地板都會留下我們的腳印，不是嗎？」

媽媽的話，深深印在男孩的心裡，這是他第一次學習到自尊的意義。

從此以後，不管地板多麼昂貴美麗，他都昂首闊步，往前邁進，因爲他知道，自己永遠比「地板」尊貴。

只要人窮志不窮，就沒有人能否定我們的價值。

就像媽媽說的，再漂亮的地板都會留下我們的腳印，那不是要我們用否定別人的方式來增強自己，而是告訴我們：「人沒有自卑的需要！」

「價值」的認定，長久以來被人所物化了，許多人習慣用財富或外在的包裝來表現自己。然而，在一層又一層的包裝底下，我們的心是否也如外在一樣耀眼呢？

看見別人的成就與自信，我們可以讚嘆也可以欣羨，但是，我們一點也不需要躲藏，更沒有必要自卑。那些成就是他們努力得來的，我們只要比他們更加努力，一樣能有相同的成就。

不要讓後悔佔據人生

現在就靜下心，反省今天的自己，我們不必成為偉人，但可以讓自己生活在最真實的人間天堂。

能自省，才能減少生活的錯誤；肯自省，才能從錯誤之中汲取經驗和教訓。

因爲自省，因爲改過，我們的人生才不會有後悔。

藍薩姆是美國紐約州最著名的牧師，因爲他無私的奉獻精神感化了許多人，讓他不管是在富人區還是貧民區，都享有極高的聲望。

已經八十四歲的藍塞姆，因爲健康問題不再四處奔走，如今他只想用最後的生命時間，把自己對生命、生活與死亡的想法寫下來，與世人分享。

但不知道爲什麼，他怎麼寫都寫不出心中想要表達的東西。

有一天，一位老婦人滿臉哀戚地來找他，請求他：「我的丈夫病危了，他臨終前很想見見您。」

藍薩姆不想讓這位婦人失望，便在家人的攙扶下，前往探視。

婦人的丈夫是位布莊店的老闆，七十二歲，年輕時曾經和著名的音樂指揮家卡拉揚一起學習小號。

他說：「我非常喜歡音樂，想當初，我的成績遠在卡拉揚之上，老師也非常看好我的音樂前途。但是在二十歲那年，我卻迷上了賽馬，從此荒廢音樂，唉，我只能說眞是悔不當初。」

老先生嘆了口氣，又說：「如今生命就快結束了，回想庸碌的一生，心中實在有太多遺憾。不過，等我到了另一個世界裡，絕對不會再做這樣的傻事了。牧師，我想請求上帝寬恕，再給我一個學習音樂的機會吧！」

藍薩姆點了點頭說：「我知道，你放心吧！上帝會給你這個機會的，我還要謝謝你，這番話讓我很有啓發！」

藍薩姆回到教堂後，立即找出他的日記，並將人們臨終前的懺悔編輯成冊，因爲他發現，不論自己怎麼闡述生死，都不如這些臨終的話來得懇切。

這本書他取名爲《最後的話》。

很不幸的是，在芝加哥麥金利影印公司承印這本書時，當地發生了一個大地震，藍薩姆的日記在地震引發的火災中付之一炬。

發生這樣的事，藍薩姆非常難過，因爲那年他已經九十歲了，無法回憶起全部內容，即使想得起來也來不及了。

藍薩姆在一九七五年去世，臨終前他對身邊的人說：「在基督畫像的後面，有一只牛皮紙袋，那裡有我留給你們的『最後的話』。」

藍薩姆被葬在新聖保羅的大教堂裡，墓碑上則工整地刻印著他的手跡：「假如時光可以倒流，世上將有一半的人會成爲偉人……」

如果眞的能時光倒流，就像藍薩姆所說的，這個世界會是最

美麗的人間天堂。問題是，人死不能復生，那藍薩姆的這番話是什麼意思呢？

如同曾子的「吾日三省吾身」，目的是要提醒人們，不想人生有任何遺憾，就要隨時自我反省，不斷地修正自己的方向。

不想等到臨終前才悔悟，現在就靜下心，反省今天的自己，我們不必成爲偉人，但是，絕對可以讓自己生活在最眞實的人間天堂。

就像藍薩姆的遺言告訴世人的：「只要心中沒有一絲悔恨或遺憾，你就已經生活在天堂了。」

失去理性，只會讓自己陷入不幸

我們真正要迎接的，不是別人的生活而是我們的人生，可以享受快樂，又何必陷入嫉妒的苦悶深淵？

在強烈的嫉妒心作祟下，因為見不得別人比自己好，有些人成了危險至極的不定時炸彈。

不要讓嫉妒的心情遮覆理性，人一旦妒火燃燒，不僅會燒出社會問題，也燒燬了自己的人生。

有一個人很幸運地遇見了上帝，此人一看見上帝，便急著說：「上帝，請你讓我實現願望吧！」

上帝微笑著說：「好，從現在起，我可以滿足你的任何願望。不過，有件事我必須讓你知道，不管你要求的是什麼，你的鄰居都會得到相同的滿足，而且是雙倍的。」

這個人原來聽得很開心，但是一聽見「鄰居雙倍」，心中卻不平衡了：「這怎麼對？要是我得到一份田地，那隔壁的就能得到兩份；如果我得到一箱金子，那他不就平白無故地獲得兩箱金子。還有，如果我想要一個絕色美女，那個注定要一輩子光棍的傢伙，不就能左擁右抱了！」

這個人想了又想，仔細思量了又思量，最後卻一個願望也想

不出來，只因他心有不甘，不想讓鄰居佔到任何便宜。最後，他咬了咬牙，居然對上帝這麼說：「萬能的主啊！請挖去我的一顆眼珠吧！」

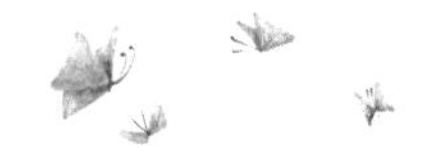

是什麼樣的盲點，讓故事中的人失去了理性呢？難道眞的是「人不自私天誅地滅」？

當你糾結著心，嫉妒著對方的幸運與快樂，又或是期待著對方出錯與不幸時，你又獲得些什麼？

寧願挖掉自己的眼睛，也不要讓別人佔到任何便宜的心態，是許多斤斤計較的人最常表現的。想盡辦法讓對方失去雙眼，卻忘了自己因爲心盲，而早已雙目失明了！

鄰居得到雙倍又如何，兩個人擁有的其實都是相同的「一個快樂」，但是，當你反求痛苦時，你以爲是相同的痛苦，其實只有你獨嚐！

心中藏怨，痛苦的人不會是別人而是自己。

希望快樂的生活，就要懂得分享，不管是從別人身上得到的，或是從自己身上分享出去的。因爲，我們眞正要迎接的，不是別人的生活，而是我們的人生，可以享受快樂，又何必陷入嫉妒的苦悶深淵？

沒有實力的人最會急功近利

萬物的組成重在分工，而且是各司其職，各有所專。沒有人可以是萬能的，也沒有人必須成為萬能。

缺乏實力的人，往往急於展現自己的能力有多強，處處展示自己的知識有多廣，自曝其短的結果，反而徒留笑柄。

沒有眞材實料，牛皮吹久了還是會破的。

自從愛因斯坦的「相對論」問世後，各院校便競相邀請他去演講。

有一次，在前進演講場的途中，他的司機說：「博士，您的演講我已經聽了好幾百場，我想，如果我能上台，必定能跟你說的一樣好。」

愛因斯坦笑了笑說：「這樣嗎？好啊，反正這所大學沒有人認識我，今天我就給你這個機會試試囉！待會兒我扮司機，你就當愛因斯坦吧！」

司機一聽，得意地說：「沒問題！」

司機的演講，果眞贏得了如雷的掌聲。

就在這個時候，有位教授提出了一個問題，這個問題卻是他從未聽過的，尷尬的他當場呆立在台上，一句話也說不出來。

直冒冷汗的司機，立刻望向愛因斯坦，卻見愛因斯坦微微地笑著。

他忽然靈機一動，對著這位教授說：「這個問題太簡單了，就讓我的司機來回答吧！」

愛因斯坦一聽，笑了一聲，立刻上台解圍。

回途中，司機不禁心服口服地對愛因斯坦說：「事實證明，我只能當司機，而你才是眞正的科學家。」

我們常說的「隔行如隔山」，正是這則故事的旨意。

在急功近利的今天，很多人只略懂皮毛，就急著大放厥辭，認爲自己已經可以大展身手了。

但就像故事中的司機一樣，一旦遇上考驗實力的時候，肚子裡有多少墨水，人們一試便知。能力夠不夠紮實，累積的經驗是否足夠，只需要一個小問題就能夠測驗出來。

每個人都會有他專精的地方，就像愛因斯坦的司機，他自有專業範疇，相信在這個部分，愛因斯坦必定有不及的地方。

萬物的組成重在分工，而且是各司其職，各有所專。沒有人可以是萬能的，也沒有人必須成爲萬能，只要知道術業專攻的重要性，自然能從專業的領域中，無限伸展。

等待是爲了不再錯過未來

在工作與財富之外，

我們還有許多經歷要去體驗。

學會等待，才能靜靜地享受蔚藍天空

帶給人的舒暢感受，

也才能看見生命的美。

心胸開闊就能填平彼此的鴻溝

善用相互扶持的心，一起迎向和平的未來！把彼此的鴻溝填滿吧，只要心中充滿善意，每天醒來都會是個微笑的開始。

愛與和平的眞實意義，其實不必借用宗教的旨意，只需簡單地想：「我希望快樂生活嗎？」假如你希望，那麼我們只要讓心胸再開闊一點，不過度自私，也不再斤斤計較，懂得分享的眞諦，用心與人交往，人生不快樂也難。

這是發生在美國內戰時期的一個眞實感人的故事。

在血腥的戰場上，雙方士兵傷亡無數，戰火仍不斷地持續著，躺在地上的傷兵們也無法及時救援。遍地的哀號聲讓人聽得心驚，有個名叫柯克蘭的士兵，實在受不了這些痛苦的哀號聲，跑到指揮部向長官說：「請讓我送水給傷兵們喝吧！」

但是，指揮官卻反對：「不行，現在戰火猛烈，太危險了，我不能再折損任何一個士兵。」

柯克蘭卻非常堅持：「您放心，我一定會平安回來的，請讓我去吧！」

指揮官見柯克蘭如此堅決，心中非常感動，只好答應他：「去吧！但是，你一定要平安回來！」

柯克蘭點了點頭，並用宏亮的聲音說：「是！」

柯克蘭提著水，跳出遮掩的壕溝，開始他的救援行動。

當他靠近第一個傷兵時，沒想到卻是敵方士兵，兩個人目光一遇上，盡是複雜而驚奇的神情。柯克蘭頓了一下，接著便毫不猶豫地扶起了傷者，把手上的水送入他的嘴中。

這時，敵方的士兵看見對手居然救起了自己的同伴，都忍不住停下攻擊行動。就這樣，柯克蘭花了近一個半小時的時間，來來回回地照顧所有的傷者，其中包括好幾名敵方的士兵。

他像母親一般地照料著自己的孩子，這個舉動不僅感動了對方，也感動了自己人。戰火帶來的敵意與仇恨，似乎在他的善意中逐漸被澆熄。

每當在看戰爭片時，最讓人動容的，並不是愛國的決心和毅力，而是相互扶持的愛的本能。

在這個人人祈求和平的世界，兵戎相見的情況減少了，但是沒有眞實的戰火卻不代表沒有「戰事」，看似和平的社會中，由於人們的私慾與企圖，已經發展出另一種社會「戰爭」，其中的傷亡一點也不輸眞實的戰火。

爲了爭奪市場，有人故意設計陷阱，讓對手陷入火坑。爲了搶奪財富，更有人殘害別人的生命，這些都比槍彈來得更加無情，不是嗎？競爭越激烈，越要發揮合作的精神，沒有人能獨自一個人存在，何不善用相互扶持的心，一起迎向和平的未來！

把彼此的鴻溝塡滿吧，只要心中充滿善意，每天醒來都會是個微笑的開始。因爲我們知道，不管遇見多麼大的風暴，身邊的人都會與我們相互扶助，共渡眼前的難關。

等待是為了不再錯過未來

在工作與財富之外，我們還有許多經歷要去體驗。學會等待，才能靜靜地享受蔚藍天空帶給人的舒暢感受，也才能看見生命的美。

考門夫人曾經如此說：「在沒有把握的時候，你要等待；當心中有疑惑的時候，也要等待。」

這是因爲，任何勉強與急躁的行動，並不會讓你提早實現願望，反而會讓你一次又一次的錯過。

公園裡，有個年輕的小伙子坐在石椅上，不時地四處張望，似乎在等待著誰。滿臉焦躁的他，還不時地喃喃低語著：「她怎麼還不來？我這麼早來，她爲什麼不也早點到呢？」

公園裡的景色相當美麗，但是個性急躁的小伙子卻無心觀賞。

忽然，有個小矮人從樹上跳下來，使盡全力罵了一聲：「別吵！」接著搖了搖頭，說：「別那麼悶悶不樂，拿去吧！」

只見小矮人拿出一個盒子，上面有個旋轉鈕，他說：「只要把它向右一轉，你想把時間停在哪裡就是哪裡，想要時間走多遠就有多遠！」

年輕人立即轉動旋轉鈕，開心地想：「我要立刻來到約會的時間。」

當他抬起頭時，情人果然出現在眼前，情意綿綿地說：「我來囉！」

年輕人一看，驚奇不已，這時他又想：「如果，我能立刻來到結婚的現場，那不是更好？」當他這麼想時，一隻手也不自覺地轉動了時間鈕。

直到結婚進行曲忽然在耳邊響起，年輕人這才回神：「太神奇了！我眞的和她結婚了。」

年輕人看著身邊的美麗新娘，幸福地沉醉在新婚的氣氛中，當人們紛紛上前祝賀時，年輕人的手忽然碰觸到那個神奇的旋轉鈕，轉念間他又想：「還是讓婚宴快點結束吧！」

於是，他又轉動了一下，這一次時間來到了第二天的夜晚，看著身邊的妻子，手上的旋轉鈕仍未放下，年輕人的手也不斷地轉著……。

「度年如日」的他，完全沒有思考到後果，就在不知不覺中，已經來到了老態龍鍾的時候。

此刻，他正臥病在床，旋轉鈕也仍然在他手中，只是，已經老得沒有力氣的他，似乎連扶著時間鈕的力量都沒了，更別提「轉動」的力量。

他在這個時候醒悟：「我怎麼那樣心急呢？都還沒仔細享受生命，我怎麼能老去死去呢？怎麼辦？還是回到開始，慢慢地享受人生吧！」

只見他用盡全身的力氣，努力轉動著時間鈕，心裡想著：「讓我回到等待約會的那天吧！」

「啪！」一聲，時間鈕終於轉過去了。

「還好只是一場夢！」當他睜開雙眼時，發現自己仍然在大樹下，等待著他的可愛情人。

「南柯一夢」其實也不錯，就像故事中的年輕人，這場夢讓他明白：「即使是等待也有意義，因為等待，讓人們在實現願望後更懂得珍惜。」

每個人的願望都很多，人人都希望能早日實現，不願等待，許多人就像年輕人一樣，想讓手中的時間快速轉動，焦急地兩步併作一步前進。

於是，我們看見他們的步伐越跨越大，甚至有人還急得猛然一躍，接著卻是重重地跌落在地上。

步伐別再那麼急促了！生命是用來享受的，不是爲了完成什麼樣的功名。在工作與財富之外，我們還有許多經歷要去體驗。學會等待，才能靜靜地享受蔚藍天空帶給人的舒暢感受，也才能看見生命的美。

留一隻眼睛看自己

能夠自我反省的人，凡事都會先反求諸己，，會自我反省的人必定自制，不會任由自己一再出錯。

為了達成己的目標，人們總是不顧一切地往前衝，專注的目光也習慣放在很遠的地方。

但是，別忘了留一隻眼睛看看自己腳下急躁的步伐該往哪裡踩，別老是輕忽、略過最重要的一步。

日本江戶時代有位非常知名的劍客，名叫宮本武藏，希望向他拜師學藝的人非常多，後來成為名劍客的柳生也是其中之一。

前來拜師的第一天，柳生恭恭敬敬地來到宮本的面前，請教道：「我想請問老師，依我的資質，您認為要練習多久才能成為一流的劍客呢？」

宮本回答：「嗯，最少也要十年。」

柳生吃驚地說：「什麼！要十年啊！這麼久？老師，如果我加倍努力地練習，又要多久才能成為一流的劍客呢？」

宮本點了點頭，說：「嗯，那就要二十年了！」

柳生這會兒更吃驚了，他問：「二十年？老師，為什麼我越努力練習，想成為一流劍客的時間反而越久呢？」

宮本冷冷地答道：「要當一流的劍客，得留一隻眼睛時刻地留意自己，不斷地反省。反觀你，兩隻眼睛全都緊盯著『有名的劍客』的招牌，哪還有空注意自己呢？」

聽到老師的這番話，柳生頓時醒悟，從此不再提起如何成功，只問自己是否更加精進。

當他夢想實現時，人們問他如何成為一代名劍客，他說：「留一隻眼睛看看自己！」

法國作家莫泊桑在《橄欖田》裡寫道：「人生森林裡的迷人歧路，原是由人類的本能和嗜好，以及慾望所造成的。」

如果你不想成為人生旅程中的歧路亡羊，那麼就有必要提醒自己不要太急躁，不要太急功近利。

成功其實沒有什麼特別的秘訣，只要我們能「留一隻眼睛看自己」，成功自然指日可待。

能夠自我反省的人，凡事都會先反求諸己，會自我反省的人必定自制，他們不會為了急於成功，任由自己一再出錯。

為了不讓步伐走偏，他們只會專注於眼前的道路，踏實地累積自己。因為他們知道，在成功的道路上速度不必太快，只要方向沒有迷失，成功的目標終有一天會達成。

「唯一」代表著自己的期許

「唯一」還包括著另一層意義，是對品質的堅持和對自己的期許，代表作的珍貴與經典意義便在於此。

成功不需要昭告天下，因爲沒有幾個人懂得你一路累積的辛苦。好不容易成功了，也沒有必要自滿，因爲很多時候，對手就在你志得意滿時，默默地超越了你。

美國著名作家瑪格麗特．米契爾，曾經被邀請參與一場世界筆會。

由於大會當時沒有爲與會人士準備名牌，因此，在那個媒體不甚發達的年代，不管你的名聲多麼響亮，多數人仍然不認識，除非作家主動地自我介紹。當時，坐在瑪格麗特身邊的，是一位匈牙利作家，這位作家看著身旁衣著簡樸、態度謙恭的女士，猜測她「看來是新人」。

於是，只見他以一種自滿的神情，與瑪格麗特聊了起來。

他問：「請問，您是一位職業作家嗎？」

瑪格麗特說：「是的，先生！」

他點了點頭，繼續問道：「那麼，您的大作有哪些，可否介紹一下？」

瑪格麗特謙虛地回答：「談不上大作，我只是偶爾寫寫小說而已。」

這個匈牙利大作家一聽，瞪大了眼睛，說：「喔，您也寫小說嗎？那我們可算是同行了，我也是寫小說的，到目前爲止，我已經出版了三百三十九本小說。不知道您寫了多少部呢？」

瑪格麗特微笑地回答說：「我其實只寫過一部而已，書名叫做《飄》。」

瑪格麗特話才說完，匈牙利作家瞪大了眼，有點呆住了。

把「著作等身」但是名不經傳的作家，與經典名著《飄》的作者相互比較，其實我們不難發現，眞正能代表作者的經典作品，幾乎零星可數。

即使在作者簡介中寫著「著作等身」，能夠流傳、記憶在每一個人腦海裡的，經常是那「唯一」的一本。

因爲，雖然只有一本，這本「唯一」還包括著另一層意義，是對品質的堅持和對自己的期許，代表作的珍貴與經典意義便在於此。所以，「著作等身」並不能代表你的不凡，只因經典不需要多，就像瑪格麗特，一本就夠了！

用謙恭架起成功的世界

真正有身分地位的人，其實比一般人更知道「高處不勝寒」的道理，所以他們的生活態度往往比你我更加謙恭。

有本書中提到，紐約的飯店業有句經典名言：「如果你想讓飯店關門大吉，最佳的辦法就是放一個晚娘面孔的櫃檯小姐，再加上一個骯髒的廁所，鐵定萬無一失。」

這段話提醒我們，再怎麼富麗堂皇的飯店也需要謙遜的服務精神相互襯托，才能眞正贏得顧客的肯定。

有一天，諾福克公爵搭火車回家時，正巧遇見一位愛爾蘭的小女孩。

這個女孩也是剛剛抵達車站，因爲她剛剛收到通知，準備到諾福克公爵家當女傭。

由於城堡距離車站約一英哩，小女孩看著沉重的行李，不得已只好請求搬運行李的工人幫忙：「我想請您幫個忙，幫我把這個行李運到城堡好嗎？我願意以一先令做爲報酬。」

其實，這一先令是她口袋裡僅有的錢，然而即使她願意支付金錢，搬運工人仍不願幫忙，並帶著不屑的眼神，拒絕了小女孩。

無助的女孩只好另外找人幫忙，這時候，公爵卻悄悄地走了過來。穿著輕便休閒的他，親切地說：「妳好，小姑娘，我願意幫助妳。」

女孩聽見有人願意幫忙，開心地說：「眞的嗎？太好了，您放心好了，我一定會支付您運費。」

於是，公爵提起行李，陪著小女孩一起朝著城堡的方向走去，兩個人一邊走著，一邊愉快地聊著天。不一會兒，他們便來到了城堡，公爵接下女孩的一先令，並說聲謝謝，便離開了。

直到第二天早上，女孩面見城堡主人時，才驚訝地發現，昨天幫她搬運行李的人，居然是諾福克公爵！

態度謙恭的人最能取得別人的信賴，那是因爲謙和的態度，最能拉近人與人之間的距離，就像故事中的公爵與女孩。

把工人的不屑眼神與諾福克公爵的親切態度相比，我們可以發現，眞正有身分地位的人，其實比一般人更知道「高處不勝寒」的道理，所以他們的生活態度往往比你我更加謙恭。

就像紐約飯店的經營哲學一樣，雖然得「彎腰低頭」，但是從這些細微的動作中，我們了解了：「虛心與謙卑，一點也不會損害你的身分地位，因為只有懂得謙和的人，才能永遠站在高處，而且絕不孤單。」

在非常時刻要有非常勇氣

只要認為自己的能力足夠，解決的方向正確，在非常時刻做個「有肩膀的人」，反而更能突顯自己的勇氣與才能。

詩人薩迪曾說：「理性被感情掌握，如同一個軟弱的人落在潑婦手中。」

當心情支配一切的時候，理智就會顯得無能為力。一個人在做任何決定時，如果受到患得患失的心情影響，行為便沒有自主權，最後只能無奈地受命運的宰割和擺佈。

只要不是逞匹夫之勇，在非常時刻我們都要發揮勇氣與智慧。

只要「有勇有謀」，每件事自然都會有一個圓滿的結果。

鋼鐵大王安德魯．卡內基成為名人前，曾經在鐵路工程公司工作。他當時還只是個臨時工而已，但是因為一場意外，讓這個小小的臨時工後來卻坐上了某個路段的車長之位。

有一天早上，卡內基在上班途中，遇上了一輛被撞毀的車子堵在鐵道線上的意外。

這個交通意外，讓鐵路運輸網絡立即陷入混亂，偏偏在這個重要時刻，掌管這段鐵路事務的車長不在，因為沒有人領導，所以每個人都不知道該如何是好。這時，卡內基心想：「在這樣緊急的時候，該怎麼辦呢？」

每個人都知道，最保守穩當的方法就是維持原狀，等長官回來後再處理。因為，只有該路段的車長才有權力發號施令，若是貿然行動，一旦處理不當，不僅扛不起責任，還有可能被革職、處分。

但是，看著混亂的交通，卡內基實在無法置之不理。

最後，他果斷地發出命令，立即調度各個車輛與火車。當車長回來時，阻塞的交通早已解決，運輸線也暢行無阻。當車長知道這件事後，感到非常驚訝。不過，他卻什麼也沒有表示，連一句鼓勵的話也沒有說。

後來，鐵路局長知道了這件事，十分讚賞卡內基的機智與能力。不久，他被擢升為車長的私人秘書，幾年後，他更成為這條幹線的車長。

安德魯．卡內基在處理這件事情所表現的勇氣、信心與決斷力，就是獲得成功最重要的元素。

很多時候，我們明明知道眼前的問題若不即時解決，便會發生不可收拾的後果，然而很多人卻因為害怕擔負責任，習慣退縮、觀望，寧願讓事情惡化，發生更嚴重的後果，也不願插手讓事情有所轉圜。

其實，只要認為自己的能力足夠，解決的方向正確，在非常時刻做個「有肩膀的人」，一點也不會損害自己的權益，反而更能突顯自己的勇氣與才能，讓自己更有機會出人頭地。

熱忱會讓你美夢成真

成功的方法很簡單，只要盡情地發揮工作熱忱，誠懇地投入工作，夢想自然能轉眼成真。

不斷在抱怨工作的你，還找不出失敗的原因嗎？

或許，你該停下抱怨的心情，聽聽亞都飯店總經理的話：「心若改變，態度就會改變；態度改變，習慣就會改變；習慣改變，你的人生就會改變。」

在一個狂風暴雨的夜晚，有對老夫婦匆匆走進一間旅館要求訂房。但櫃台的服務生卻說：「對不起，這裡已經客滿了。」

看見老夫婦滿臉失望的神情，這位服務生連忙說：「先生、夫人，在這樣的夜晚，我也很擔心你們。如果你們不介意，今晚可以在我的房間住宿一晚，那裡還算舒適，我保證，你們一定能好好地休息一晚。」

老夫婦一聽非常感動，在服務生熱情的邀請下，他們最後接受了這份好意。第二天早上，老先生下樓要支付住宿費用時，發現那位服務生仍然在原來的位置上當班。

當老先生拿出錢時，服務生親切地婉拒說：「不必了，先生，我的房間是免費借宿給您的，昨天晚上我已經在這裡多賺了些錢，

房間的費用就包含在這裡囉！」

老先生感激地說：「像你這樣的員工，是每個老闆夢寐以求的人才，我希望將來有一天能為你蓋一間大飯店。」

年輕的服務生聽見後，只微微地一笑，他知道這是老先生的客氣話，所以也沒放在心上。在此之後，這位服務生在這間旅館工作了好幾年，有一天，卻忽然接到老先生的來信，信中還附上來回機票，邀請他到曼哈頓一遊。

幾天之後，他眞的來到了曼哈頓，並在第五大道和三十四街間的一棟豪華建築物前與老先生相會。

老先生指著眼前的建築物說：「你還記得我說的話嗎？這就是我為你建築的飯店啊！」

服務生不敢相信地說：「您是開玩笑的吧？」

老先生微笑著說：「當然是眞的，我的名字叫威廉·華爾道夫·愛斯道利亞，我請你來這兒，就是想請你管理這間飯店。」

這間飯店就是美國著名的華爾道夫·愛斯道利亞飯店的前身，這位年輕的服務生，就是第一任總經理——喬治·伯特。

相信，喬治·伯特怎麼也沒有想到，一份簡單的助人之心和服務熱誠，居然能換得一生的幸福。

「親切有禮」一直是服務業培育人才的重點，但是不管多麼「職業化」，每個人的眞實情感終究無法隱藏。因此我們的工作態度是否眞誠，對於工作有沒有熱忱，都會很直接地表現在我們的工作中。

其實，喬治·伯特的成功方法很簡單，只要盡情地發揮工作熱忱，誠懇地投入工作，夢想自然能轉眼成眞。

做人要謙卑，但不需要自卑

遇到強勁的對手，我們一點也不必害怕，
因為再厲害的高手，也一定有他的弱點，
阻礙再大，也一定會有突破的空間。

爲了維護尊嚴，也爲了增強自信，我們不一定要用低姿態迎合他人。適度地表現你的信心，有時候也能達到嚇阻的作用！

越是面對棘手事情，越必須叮嚀自己，先將心情處理妥當再處理事情，千萬別讓心情影響自己所做的任何判斷或決定。

有個兵力強盛的國家在準備侵略某個弱小國家前，曾派遣一位使節到這個小國家談判。

只見使者滿臉傲氣地跨進皇宮，並帶著威脅的語氣說：「我們準備派一支千人軍隊進攻貴國。」

小國的君主一聽，立刻回應：「這可麻煩了！」

使者發現小國的君主似乎害怕了，便冷笑一聲說：「是不是害怕了？」

君王搖了搖頭說：「不，我只是擔心一個頭疼的問題，我國的監獄只能容下五百個人啊！」

使者一聽到這番話，不禁勃然大怒道：「哼！你聽好了，我軍使用的都是最先進的武器！」

君王聽了，便嘆了口氣道：「那我們就更不幸了！」

使者得意地說：「知道不幸了吧！」

小國君王說：「是啊！我國沒有什麼先進的武器，不過人人皆有一枝專打惡犬的打狗棒！」

面對不友善的挑釁，一定要記得先處理自己的心情，千萬不能任由心情代替理智做決定，如此才能做出最佳回應。

就像二次世界大戰時期，納粹首領戈林曾經這麼問過一名瑞士軍官：「你們有多少人可以作戰？」

瑞士軍官答：「五十萬人！」

戈林又問：「如果我帶了百萬大軍入侵，你們怎麼辦？」

瑞士軍官冷靜地回答：「很簡單，我軍每個人都開兩槍！」

遇到強勁的對手，我們一點也不必害怕，因爲再厲害的高手，也一定有弱點，阻礙再大，也一定會有突破的空間。

所以，與其怯懦地臣服於對手，不如堅強地抬起頭回應：「只要有我，就一定不會輸！」

沒有貪念就不會受騙

天下沒有白吃午餐，

以為佔盡了對方便宜的人，

最後卻經常發現，自己竟然損失更多。

從不同的遊戲規則中找出共通點

讓遊戲規則在腦海中多轉幾個彎，不僅能減少因為過度堅持而產生的對立，還能讓溝通空間變得更加寬廣。

每一個人都會有一些堅持，那是生活的遊戲規則，也是人生必須的規範，但因爲每個人制定的生活規範不同，難免會遇到衝突，這時我們便要找出這兩個不同遊戲規則中的共通點，並找出其中可以變通之處。

如此一來，我們才能減輕心靈的負擔，讓生活變得更加靈活有趣，也才能讓彼此更明白互助合作的重要。

在丹麥的伊勒市有許多養狗人家，養寵物原本是件怡情之事，但是在人們錯誤的飼養態度下，狗狗的問題也越來越多。

一會兒是狗糞的衛生問題，一會兒是小狗在馬路上逛大街，造成嚴重的交通問題，甚至還因此而衍生不少人際關係上的糾紛，總之，狗多爲患的情況越來越嚴重了。

於是，有人發起禁止養狗運動，當局面對愛狗與厭狗人士的對立情況也十分苦惱，法令並沒有禁止養狗的條文。

「這該如何是好？」主管們坐在會議廳裡苦惱地想著。

終於，讓他們想到了一個好方法。

原來，當地的私人轎車並不普遍，人們出門上街都得仰賴公共汽車，因而養狗人士便得帶著愛狗搭乘公車。

於是，市政府公告了一項新的地方法規：「在車上，人與狗不能同坐一個位置，必須分開來坐。如此一來，您的愛犬便算是單獨乘車，所以必須買票，並且必須依狗狗的數量計價。如果牠非得與主人一同乘車，那麼您的小狗便算是個人的行李，您得依『行李』擺放的位置，來安置您的小狗。」

狗不能乘車，這對狗主人來說十分不便，像是探訪親友或到公園遊玩等等，少了小狗同行便少了許多樂趣，但是若是陪伴狗狗步行到目的地的話，卻又十分累人，但一想到要把愛犬獨自放在家裡，他們又不放心。

總之，狗主人們想了一堆方法，最後都覺得十分麻煩，於是開始有人考慮別養狗了！果然，法規一頒佈之後，養狗的人變得越來越少了。

做事的時候必須用對方法，才能讓效果達到最大。如果你在事業、工作或生活上遇到瓶頸，那麼，就必須保持冷靜的心情，才能想出最佳的解決辦法。

冷靜是突破困境的最高智慧，可以讓自己頭腦清醒，不至於進退失據、患得患失。相信這個故事，對你會有所啓發。

看完這則故事，或許有愛狗人士要大呼不公，但是在這裡我們不需要在「狗權或人權」上多所著墨，因為在狗的問題之外，我們還看見了政府部門絕妙的處理方法。

他們沒有用法律來下達「禁狗令」，而是在他們所能掌控的公共區域中，以靈活的「人與狗不得同車」來區分，進而達到禁制的效果。

他們輕輕地將約束帶入人們的日常生活中，當人們慢慢地感到不便，之後，便很自然地放棄養狗的慾望了。

其實，法令是僵硬的，立法與執法者則是活的，能讓遊戲規則在腦海中多轉幾個彎，不僅能減少因爲過度堅持而產生的對立，還能讓溝通空間變得更加寬廣，這正是活化觀念的方法，更是促進人與人溝通的絕佳技巧。

所以，我們從故事中發現了一個寓意：「處理爭端的時候，彼此各進一步，然後各退一步，慢慢地，我們將看見一塊寬廣天地，一個能讓我們共享的生活空間。」

盡全力，人生就不會有遺憾

無論生活上遇見了什麼樣的困難，凡事都能盡心盡力，那麼在沒有遺憾與生活中，人生自然能耀眼奪目。

不希望人生有任何遺憾，只要你盡力去做就對了！

這是大多數成功者的結論，也是他們最基本的生活態度，更是讓他們擁有精采人生的唯一方法。

國際巨星茱麗葉．畢諾許的人生觀十分獨特，她認為：「人生最重要的一件事是能平靜地死去。」

當記者們聽見巨星如此說時，都吃驚地問：「為什麼？」

只見巨星帶著甜美的微笑說：「能平靜，是因為我們一生中必須做的事都完成了，所以可以死而無憾，平靜安詳地離開了。」

對畢諾許來說，人生有許多階段，而且每一個階段都會有不一樣的任務要做，當然也會有屬於該階段最重要的事得去實現。

她說：「十八歲時，最重要的事是學會獨立生活；開始工作以後，我們要仔細聆聽內心深處的聲音，知道自己想要追尋的夢是什麼。」

「那，您目前是屬於什麼階段？對妳來說，目前最重要的事是什麼？」

畢諾許甜蜜地笑著說：「我現在當然以家庭和小孩爲重囉！」

「但是，您工作那麼忙，而且每一部片子幾乎都得到國外出外景，妳要怎麼安排時間呢？」

「即使出國拍戲，我還是有休息時間啊！我每天都會利用電話或傳眞與孩子溝通談心，而這也是我調劑身心最好的方式。」畢諾許說。

我們可以這麼說，演技一流的畢諾許，不只是工作出色，更是一位好媽媽，懂得在工作與家庭之間找到平衡的她，生活也一定比常人都過得還要精采。

其實，我們也可以擁有這樣的精采人生，只要我們能像畢諾許一般，無論生活上遇見了什麼樣的困難，凡事皆能盡心盡力，那麼在沒有遺憾與生活中，人生自然能耀眼奪目。

你還在找尋豐富人生的方法嗎？

你根本不需要花那麼多時間找秘方，儘管生活的方式有很多種，但生活的態度卻只有一種，那正是畢諾許在故事中表現的旨意：「無論如何，凡事盡力去做就對了！」

減輕心靈負擔，才能享受人生

不要索求太多東西，因為我們擁有的已經夠多了，只要你能充分應用，即使只有一根木棒也能讓我們創造不朽的將來。

歐洲有句諺語說：「一切都抓住，一切都失去。」

其實，日常生活，不應該只追求一切物質的享樂，也應該追求心靈的快樂，必須勇敢地拋掉一些生活上不必要的負擔，才能眞正享受屬於自己的美麗人生。

生活越簡單，我們受困於慾望的機會便會越少；生活越簡樸，我們受制於慾望的羈絆便會越少。

只要我們不再被物慾所牽制，便能理出更多的時間和精力來實現夢想。

法布爾是法國著名的昆蟲學家，竭盡一生揭開了昆蟲世界的奧秘，也留下了《昆蟲記》這本不朽的著作。

有一天，科學家巴斯德來到阿維尼爾找法布爾，因爲他知道，要找昆蟲專家，法布爾無疑是最佳人選。

法布爾見這位著名的科學家到訪，立即熱情地招待他。

一番暢談之後，巴斯德忽然在準備離去前向法布爾說：「能不能讓我看看你們家的酒窖？」

法布爾是個窮困的教師，哪裡會有私人酒窖呢？但是，巴斯德卻一再地要求：「請讓我看看您家的酒窖怎麼維護的！」

最後，法布爾敵不過巴斯德的好奇，只好指一指廚房角落裡的酒罈子，說：「先生，這就是我的酒窖！」

巴斯德一看，驚訝地看了法布爾後便匆匆離去。

一八六九年的秋天，有一天法布爾來到實驗室裡忙碌，忽然有個客人闖了進來，他只得伸著一雙被染得血紅的手上前接待：「原來是底律伊，你好！很抱歉，我竟穿著這樣簡陋的衣服接待你！眞對不起，我雙手都染紅了，無法和你握手！」

親切的教育長底律伊看見法布爾如此緊張，便溫和地安慰他：「沒關係，我是故意挑這個時間來看你的，你在做什麼呢？」

法布爾簡單地說明他的工作項目後，又馬上做這項實驗給教育長看。底律伊仔細地看著法布爾的實驗，不時地點了點頭。實驗結束後，他立即問法布爾：「你有沒有缺什麼東西呢？」

法布爾說：「我什麼都不缺！這裡什麼都有，我只是做些小實驗，這些設備就已經足夠了。」

底律伊看著破舊且簡陋的實驗室，吃驚地問：「眞的夠了嗎？每當別人聽見我的詢問，他們幾乎全都要求換新器材，即使他們的設備已經十分完善了。我看你的實驗室如此寒酸，你卻說已經夠了，你眞的什麼都不需要嗎？千萬別客氣啊！」

聽見底律伊如此關心，法布爾也不好意思拒絕，於是他幽默地回應：「長官，如果你一定要提供我東西，那麼我很願意要一件東西，請你告訴巴黎動物園裡的管理人員，如果那裡有魚死了，請他們將魚送來給我，好讓我將它製成標本。然後我會將它掛到牆壁上，我想，有了這個裝飾品之後，這間實驗室就會像樣多了！」

底律伊一聽，忍不住大笑說：「我知道你想要什麼了！」

大文豪巴爾札克曾說：「追求心靈享受的人，應該是行李越輕越好。」

的確，如果追求過多，並且斤斤計較得失與否，就會讓自己的「心靈行李」越沈重，也就越會讓自己舉步維艱，陷入痛苦的深淵。

當巴斯德看見法布爾寒酸的酒窖後，我們是不是驚覺自己也曾犯相同的錯誤？因為習慣了以貌取人的態度，讓我們總是錯誤地評斷眼前的高人；也因為受限於外表的觀感，我們總是讓自己掉入了虛浮的包裝假象中，忘了內在究竟充實與否。

「或許我什麼都缺，但也什麼都不需要！」

這是法布爾在故事傳遞的訊息，在帶著生活禪思的氣氛中，我們似乎也有所領悟，或者我們可以這麼說，因為人們的慾望難以滿足，無論我們怎麼補充所需，也無法得到真正的滿足。

於是，法布爾將他簡樸的生活方式呈現出來，並在堅持這樣的生活方式中提醒我們；我們沒有辦法滿足每一個慾望，因為滿足了一樣，下一個慾望便會出現，引誘我們繼續追求。

所以，不要索求太多東西，因為我們擁有的已經夠多了，只要能充分應用，即使只有一根木棒也能讓我們創造不朽的將來。

愛物惜物才能累積財富

財富是靠累積的，因為累積十分辛苦，我們都能發現，那些所謂的有錢人愛物惜物的態度，經常比你我有過之而無不及。

美國沃爾瑪集團的創辦人薩姆．沃爾頓曾經回憶說：「從小，我就知道要用自己的雙手掙取一塊美元有多麼辛苦了，因此，我一直遵守父母親的教誨，特別是金錢觀，那便是：『一毛錢也不隨便亂花！』我也知道，這是累積財富最基本的觀念。」

財富從來都不會從天下掉下來，所謂的意外之財，也始終都讓人擁有得心虛，畢竟大多數的意外財來得快也去得快；只要並非一塊錢一塊錢所累積出來的財富，最後都將在慾望的伴隨下，快速地消失。

薩姆是出了名的節儉富翁，擁有億萬家產的他，卻只有一輛老舊的貨車代步，頭上戴的也只是印有沃爾瑪標誌的便宜棒球帽，從小到大只在街角的理髮店理髮。他只在自家的折扣百貨店購買日常用品；公務外出，也會儘量與人共住一房……

人們無法理解他為何如此節儉，但是，薩姆卻說：「這有什麼好奇怪的，我從小到大都如此啊！」

原來，薩姆出生在美國中部小鎮的一戶普通農家，由於他的

成長時期正巧遇上經濟蕭條期，因而讓他培養出努力工作和節儉的生活態度。

沃爾瑪公司裡的一位經理便這麼說：「我們就是這樣長大的，所以，當地上有一枚被遺棄的銅板，也許沒有多少人會去把它撿起來。但是我會，而且我打賭薩姆也會。」

正因爲從小便體會到每一分錢的價值，所以這位經理與沃爾瑪都深知，每一分錢都是辛苦賺來的，也因此始終保持簡樸的生活。

主張「生活減擔」的薩姆也說：「雖然我不希望我的孩子們將來必須刻苦到打工賺取學費，但是，如果他們有任何奢侈的生活心態，那麼就算我死了，也要從地下爬出來教訓他們。」

其實，不只是家庭教育上，連員工的基本生活教育他也堅持以身作則，他的目的是：「要讓每個人都明白勤儉的好處。」

有一次，他派一位員工去租車，但是很快地，薩姆又叫他將車子退租，原因是：「這車子太大了，我只租小車。」

後來，員工也明白了薩姆的用意，原來他不願讓人看見他所使用的公務車竟比員工要好。

薩姆出差洽商，選擇旅館時，標準也與員工們一樣，甚至他還會與員工們同房。

曾經有人問他搭機的感覺時，他竟說：「我只搭過一次頭等艙，那次是因爲時間太趕，又只剩下頭等艙的位子，秘書不得已只好幫我買了。」

當他連續兩年名列全美首富時，他對記者講的第一句話是：「這玩笑實在開得太大了，我怎麼會是最有錢的人呢？」

聽見薩姆說，他是非不得已才搭頭等艙的時候，也許有很多人會不以為然地說：「那叫小器、摳門！」

你眞的認為他只是個守財奴嗎？或者，同樣辛苦賺取一分一毫的你，其實十分理解薩姆的金錢態度呢？

因為財富是靠累積的，也因為一塊錢一塊錢的累積十分辛苦，我們確實都能發現，那些所謂的有錢人愛物惜物的態度，經常比你我有過之而無不及。

我們不是無法累積財富，而是因為我們太放縱自己，經常輕易地讓難得的財富一點一點地流逝而不自知。

沒有貪念就不會受騙

天下沒有白吃午餐，以為佔盡了對方便宜的人，最後卻經常發現，自己竟然損失更多。

如果不想老是被詐騙，那麼我們便要懂得釣魚的哲學，那便是「魚」與「餌」的關係；不想受魚餌的誘惑，就要學會克制，克制貪求的心，克制老想佔人便宜的貪婪之心。

只要我們不任由小便宜的心理滋長，心裡沒有多餘的慾望，那麼無論人們怎麼引誘，賠了夫人又折兵的慘況就不會發生在我們身上。

十三歲的古德和父親正在芝加哥的街上漫步，當他們經過名爲「德魯比克兄弟」的服裝店時，門口正站著一位笑容可掬的男子。他一見到古德他們，立刻向他父親伸出手來，並大聲嚷道：「先生，請進，歡迎光臨本店！我們有一套非常漂亮的服裝，若能穿在您的身上，實在再好也不過了，今天本店大減價，您千萬別錯過啊！」

古德的父親搖了搖頭，說：「不，謝謝。」

父親拒絕後，和兒子便接著繼續前進。

這時，好奇的古德回頭看了那個店門口的男子一眼，卻見那

位能說善道的推銷員又纏住了另一個人。

只見他緊緊地捉住一位過客的手，並積極地指著窗口的一件藍色條紋套裝，不一會兒，男子便被帶進了店舖。

這時，古德的父親搖著頭，說道：「這對德魯比克兄弟眞是厲害，他們靠著『裝聾』，便賺足了三個孩子上大學的學費。」

古德不解地問：「裝聾？裝聾也能賺錢嗎？」

父親笑著說：「是啊，但是那也只有他們做得出來。」

原來，他們兩兄弟的哥哥先把顧客哄騙進店後，便開始勸說客人們試穿新裝，接著他讓客人在鏡子面前仔細端詳，並不住地奉承讚美客人。

他們以甜美的語言慢慢地打開了顧客的心防，直到客人問道：「這套衣服要多少錢？」

德魯比克哥哥這時會把手放在耳朵上，反問了一次：「你說什麼？」

客人便又高聲地說了一遍：「這套衣服要多少錢！」

這時，哥哥便會說：「喔，價格啊！你等等，我問問老闆看看！」

於是，他會轉身向坐在寫字台後的弟弟大聲問：「德魯比克先生，這套羊毛服裝要多少錢？」

而弟弟扮演的「老闆」這時便會站起來看了看顧客，接著答道：「那套啊！七十二美元！」

這時，哥哥會故意地問：「多少錢？」

「七十二美元啦！」老闆加大了音量回應。

哥哥這才笑著轉身，並對著客人說：「先生，一共是四十二美元！」

每位顧客一聽到這樣的價差，無不認爲自己走運，在貪小便

宜的心態作用下，他們幾乎立即掏出錢買下，接著便溜之大吉！

但是，他們買到的價格，其實只是原來訂價，一點也沒有佔到便宜。

父親最後說：「當然，這種騙局也算是一個願打、一個願挨，所以，孩子，凡事可要張大眼睛看仔細啊！不要被他人的僞裝所蒙蔽了。」

古德點了點頭，說：「我會的，爸爸！」

十分有趣的小案例，在醜惡且貪婪的人性表現中，我們不也時常看見那些自以為佔了便宜的人，最終全被人反將一軍？這樣的畫面十分滑稽，卻得不到人們的同情。

現實生活中屢見不鮮的詐騙案件，相同的手法與貪念其實與這則故事的手法不謀而合，不是嗎？

天下沒有白吃午餐，以為佔盡了對方便宜的人，最後卻經常發現，自己竟然損失更多，只因一時的貪念興起，一時的慾望貪求，最終反而讓自己掉入貪婪的深淵，甚至溺斃。

聽聽古德父親的教訓，那不僅適用於小古德，更加適用於老是想佔人便宜的人。讓自己的心思簡單一點吧！別想佔別人便宜，少一點貪婪的念頭，我們必定能獲得更多！

有多少能力便享受多少樂趣

聰明的人懂得依自己的能力過生活，不要用華貴的外衣來包裝空洞的內裡，因為那騙得了別人，卻騙不了自己。

不要讓生活透支，也不要過度放縱自己的享樂慾望，人生很長，我們要聰明地分配快樂的能量，有多少能力便享受多少樂趣。

外表華麗不代表能力滿分，浮華不實的金錢態度，只會讓自己陷入痛苦的金錢遊戲之中！

查爾斯正與看起來十分富裕的麥賽福聊天，育有三個孩子的麥賽福，不僅婚姻幸福，三個孩子的表現也是人人誇讚。

兩個許久未見的老朋友，從過去聊到現在，原本討論得十分開心，但是，就在查爾斯問到麥賽福的現況時，麥賽福的臉色忽然沉了下來。

查爾斯以為自己問錯話了，連忙向他道歉：「對不起，如果你不想談的話，就不必回答。」

麥賽福苦笑著說：「唉，我也不知道要從何說起。」

查爾斯安慰著朋友說：「放心，沒有什麼解決不了的事。」

麥賽福嘆了口氣並搖了搖頭，說：「我只是沒有想到，我們家也會有入不敷出的時候。我現在才知道，原來我們家每個月的

支出竟然那麼大，像是每個月得參與的高爾夫俱樂部聚餐，孩子們私校的學費，以及家中其他各項雜物上的支出等等，這些開銷壓得我快喘不過氣來了。」

查爾斯一聽，立即對朋友說：「重新規劃你的生活支出吧！」

麥賽福點了點頭說：「我很想啊，但是，只要一想到每個月都有三千美元的缺口，我就睡不著覺了，而且每到月中我的薪水就已經用光了。」

查爾斯又問：「那接下來的日子，你們要怎麼渡過？」

麥賽福滿臉無奈地說：「先用信用卡付帳啊，不然怎麼辦？」

只見麥賽福說完話之後，再次拿起了手上的雪茄，深深地吸了一口。

原來，麥賽福很早就瀕臨破產邊緣了，但是，他過去的嗜好與消費習慣卻一直都沒有改變，過慣了舒服、享受的生活方式，他們一家人確實有許多放不下的東西。

查爾斯幫他們計算過了，如果他們再不放棄一些不必要的支出，就算他們一家人工作到死，也無法還清積欠的債務！

所謂由奢入儉難，正巧可以對照麥賽福家的情況，因為面子問題，讓麥賽福仍然想用華麗的外表來麻醉即將破產的事實。

但如此一來，反而讓自己落入了更深的負債之中，還進一步讓家人們深陷貧困的泥沼，拖累自己也拖累家人。

聰明的人懂得依自己的能力過生活，更懂得依當下的情況來調節自己的消費支出。

他們知道，生活不能踰越「過」與「不及」，一旦在這兩個原則之間有了太過的情況，都將讓自己的生活掉入不正常的狀況，

讓原本可以享受快意生活的美夢，因爲自己的錯走一步，轉變成連連惡夢。

所以，不要用華貴的外衣來包裝空洞的內裡，因爲那騙得了別人，卻騙不了自己，回到自己的世界，我們始終得面對生活上的失落感，更得獨自承擔經濟困窘的事實。

明白其中的道理，我們便能從別人一天只花固定錢的堅持中，相信自己也能如此堅持，我們不必爲了擺闊，而故意增加消費，因爲你眞的可以大方地對人們說：「對不起，我目前經濟不佳，我今天只能花這些錢。」

然後，你便能從頭開始，慢慢地累積出你所夢想的財富。

別把時間浪費在金錢上

簡單生活，簡樸打扮，才能活得充實快樂，因為我們沒有太多的時間浪費在奢侈浮華上。

對你來說，身穿名牌精品最重要，還是在工作上擁有快樂最重要？一餐上千元的牛排，與一頓幾十塊便能飽足的簡餐，對你來說，哪一個才能滿足你的口腹之慾？

生活上有太多取捨，什麼該捨，什麼才是我們應當努力爭取的，全有賴聰明的你仔細評估。

卡文迪斯是英國著名的科學家，去世六十年後，劍橋大學爲了紀念這位偉大的科學家，特別花費了三萬英鎊，建造一座世界著名的卡文迪斯實驗室。

當人們回顧大師的一生時，他們發現，卡文迪斯生前也曾有過一段貧困的日子，只是這段艱苦的生活並不長，因爲幸運之神在他吃了幾天苦頭之後，便將好運氣送來給他。

那是在一個寒冷冬天的午後，就在卡文迪斯門前，忽然出現了一輛豪華馬車，車上忽然跳下來一位紳士，對他說：「我是倫敦銀行的人，這張一千萬英磅的支票是您的！」

卡文迪斯忽然收到這張支票，非常吃驚，呆立在門口好長一段時間，直到銀行經理解說完畢坐上馬車後，這才回過神來仔細端詳手中的支票。

原來，這筆鉅款是卡文迪斯的姑母送給他的，這也讓卡文迪斯一夕間便成了千萬富翁，只是一向討厭銅臭的卡文迪斯，面對這筆從天而降的鉅款一點也不開心。

他考慮了很久，最後決定：「嗯，這些錢足夠讓我建造一座擁有一流設備的實驗室。」

一想到實驗室，卡文迪斯立刻精神了起來，也立即積極規劃實驗室的設計。很快地，卡文迪斯的個人實驗室終於完成了，至於剩下的錢，他原封不動地存入銀行，從此再也不聞不問。

每天樂在實驗工作中的他，雖然是當時英格蘭銀行的大戶，但是他的衣著一如往昔，釦子掉了仍然補了又補，簡樸的生活也從未改變。有一回，他準備前往皇家學院面談時，竟然穿了一件被硫酸燒出一個大洞的襯衫去，一身簡陋的模樣，還一度被學院的職員誤認是流浪漢呢！

被阻在門外的卡文迪斯，直到他將通知單遞出後，職員這才知道，原來眼前站的是著名的科學家卡文迪斯。

其實，卡文迪斯不僅外在簡樸，就連吃也很節省。

有一回，他在家宴請其他科學家時，僕人對他說：「先生，五個人只準備一隻羊腿似乎不太夠。」

沒想到卡文迪斯一聽，只淡淡地回答說：「是嗎？那就準備兩隻吧！」

對此，曾經有人問他：「你把錢全部放在銀行不用，自己卻過得這麼寒酸，太不合生活邏輯了吧！」

卡文迪斯不以爲然地說：「是嗎？我不覺得啊！我認爲身爲一個科學家，應當把時間多用於科學上，而不是用在金錢消費

中。」

因爲心中的目標不同，也因爲珍視的價值不同，所以卡文迪斯的生活才會如此與眾不同。

對卡文迪斯來說，太過在意生活上的繁瑣小事實在沒有必要，因爲那實在很浪費時間。對他來說，所有關於科學的範疇才是他生活的重心，也才是值得他耗費時間的珍寶，所以他才會如此堅持：「身爲一個科學家，生活裡除了科學，還是科學！」

這個論點其實也普遍表現在許多成就不凡的名人身上，他們在自己的發展領域中，幾乎可以用「沉迷」兩個字來形容。

無論是沉迷在科學探究、創意研發，還是在醫學研究中，他們所現出來的生活態度，和卡文迪斯是一模一樣的：「簡單生活，簡樸打扮，因爲我們沒有太多的時間浪費在奢侈浮華上！」

從中，我們也歸結出一項簡單而成功的生活定律：「經常投入工作中而廢寢忘食的人，對於物質的享受總是嗤之以鼻，但是他們卻十分在意是否能從工作中獲得樂趣，因為對他們來說，生活上最值得的投資與消費，只有生活能否充實快樂！」

我們要追求的就是那一點價值

無論在什麼樣環境底下，最崇高的價值都
在於不計功勞的付出中展現的無私。

人們眞正需要的不是財富，也不是名聲，而是身爲人的無形價值。建立起這份無形價值的依據是：「一份不自覺的謙遜表現，一份無私的分享意願，以及人們從中產生的感動與敬意。」

然後，一個人眞正的價值由此而生。

雖然，X射線是物理學家倫琴最先發現的，但是倫琴卻從來都不把這項偉大的發現獨佔。

謙虛的倫琴在發現X射線時便說：「對於這個射線的性質，我還不太清楚，所以暫時取名爲X射線。」

在暫定名稱確定後，嚴謹且愼重的倫琴又花了近一個月的時間，確認並實驗這個發現，之後他才把早已完成的《新射線的初步報告》論文，及手上的照片一起寄出。發現一公佈後，很快地便引起科學界的注意與討論，無論是祝賀信或質疑的信，每天都從世界各地寄送給他，前來實驗室的訪客更是絡繹不絕。

直到有位醫師利用「X射線」，準確地顯示出人體內的斷骨位置後，「X射線」熱潮也正式沸揚。有一天，倫琴還收到一

封信，上面寫著：「請寄給我一份X射線和使用說明書。」

像這類令人啼笑皆非的索取信很多，而幽默的他總是這麼回應：「對不起，目前我手上沒有X射線的存貨，而且，郵寄X射線是一件十分麻煩且危險的事情，因此我無法答應您。」

自從X射線發表之後，倫琴也不斷地榮獲各種科學獎項，但是他似乎對於這些榮譽一點也不在意，他曾經謝絕了普魯士皇室封爵的榮譽，更拒絕在名字上多加一個貴族表徵的封號。

他說：「致力於科學研究與發現，是我應盡的本份，更是我的人生目標，那些過高的獎勵與恭維，對我來說是一種恥辱。」

謙虛的倫琴也是個深具使命感的科學家，曾經有廠商想以極高的價碼，向倫琴爭取生產X射線機的專利，但倫琴卻一口回絕：「我認爲，科學家的發明和發現都是屬於全人類的，沒有人可以獨佔其中的好處。」

正因爲這份正義與使命感的堅持，讓X射線機很快地能普及全世界的醫院，並救回許多垂死的生命。

倫琴的幽默與謙虛，確實令人激賞，在這個追求功名利祿的社會中，倫琴的謙遜與淡泊，帶來了一個讓人深省的啓發。

對倫琴來說，他不願獨佔這份功勞，因爲能讓他發現這項科學奧秘便已足夠了，往後這個發現能否繼續發揚光大，那又是後人的責任與榮耀了。所以，這位偉大的科學家願意心胸寬廣地說：「這是屬於全人類的發現，不是我倫琴一個人的！」

「從謙卑中見偉大」這句話不僅適用於科技領域中，更適用於沒沒無聞的你我身上，因爲無論在什麼樣環境底下，最崇高的價値都在於不計功勞的付出中展現的無私。

真正的財富是看不見的

沉溺於功名利祿中的人，不僅會失去自己的價值，最終還會迷失在財富的追逐中。

精神上的滿足是看不見的，我們無法用物質來塡充精神上的缺口；心靈上的滿足也是看不見的，但是，我們卻需要無形關懷，安撫受傷的心靈。

聰明的人會讓精神得到充分的滿足，因爲他們知道那不是金錢財富所能比擬的，因爲充實的感覺，我們都將讓人生得到眞正的快樂與富足。

三十三歲時，日後成爲鋼鐵大王的安德魯．卡內基，在日記上寫著：「對金錢執迷的人，是品格卑賤的人，如果我老想著追求賺錢之事，終有一天必將墮落。所以，我設定，每當我到達某個財富目標時，便要將之回饋給社會，那麼我就不會迷失。」

六十歲時的卡內基已經是個成功名人，功成名就的他，決定要退出商場去養老，並在晚年期間，多做些自己長久以來一直想完成的事——致力於慈善工作，與維護世界和平的夢想。

於是，他在《財富的福音》一書中宣佈這個消息：「我要退休了，不再在商場上爭奪了！」

當年，他毅然退出正值蓬勃發展的鋼鐵事業，以五億美元的價格，將卡內基鋼鐵公司賣給了金融大王摩根，從此他帶著累積多年的財富，開始投身他構思許久的偉大計劃。

他退休後的第一年，先贈與五百萬美元給煉鋼工會，協助他們設立救濟與養老基金的成立，這正是向所有工人們表示他的感謝，接著，他又撥了一筆鉅款來協助貧困家境卻仍力爭上游的年輕人。

第二年，他捐款二千五百萬美元，用以發展科學、文學和美術等等。同年，他還在匹茲堡創了「卡內基大學」，接著分別在英美等地捐資，創辦了許多學校與教育機構。

在隨後的幾年期間，他又分別成立了許多基金會，像是「捨己救人基金會」、「大學教授退休基金會」以及「作家基金會」等等，總之，已經半百年紀的他，在鼓勵拔擢人才的同時，也不忘照顧與他同年卻晚境不佳的人。

最後，他拿出了一千萬美元，以無國界的共享與攜手回饋爲宗旨，成立了「卡內基國際和平財團」，專門資助一些致力於世界和平的奉獻者。

這是卡內基的人生，也是估量他的生命價值的依據。

不過，仔細評估之後，我們也發現，卡內基晚年投資的無形財富，確實比他有形財富更顯珍貴無價。

生命的價值到底要如何評量，有人從個人成就中評定，也有人以心中滿足的程度來界定，那你呢？

當你也擁有卡內基一般的人生境遇時，你會以事業的成功或財富來表現人生的價值，還是像晚年的卡內基一般，堅持除了物

質與功名之外，我們還有更多可以爭取的「財富」，關於關懷世人、珍愛世界的無私奉獻？

地球是圓的，人際關係也是圓的。只要我們願意伸出手，並牽起身邊需要關心的陌生人，然後我們也將串連起人人渴求的祥和與幸福，這是聰明的人在發現財富原來如此空洞時經常實踐的。

這正是深具遠見的卡內基在而立之年時所領悟的：「沉溺於功名利祿中的人，不僅會失去自己的價值，最終還會迷失在財富的追逐中。所以，我們都要看淡財富的享樂慾望，明白因為分享而獲得的精神滿足！」

快樂工作是
醫治病痛的良藥

不妨先放下手上的工作，

仔細想想你要的是什麼，

只要你一想通了就別再猶豫。

快樂工作是醫治病痛的良藥

不妨先放下手上的工作，仔細想想你要的是什麼，只要你一想通了就別再猶豫。

俄國作家車爾尼雪夫斯基曾說：「一切真正美好的東西，都是從奮鬥犧牲中獲得的，而美好的將來也要以同樣的方法來獲取。」

正在工作的你，有沒有一種充實快樂的感覺呢？

忙於工作的你，是不是充滿了煩躁的情緒呢？

不管你現在被哪一種情緒所佔據，先聽聽文學家果戈里怎麼說：「工作是醫治我病痛的重要良方，更是我快樂地享受人生的唯一方法。」

果戈里是俄國著名的劇作家，成名之前，爲了從事最愛的文學創作，曾經寫了封信給母親。

他在信中如此寫道：「看在上帝的面子上，請母親您爲我高興吧！這份工作對我來說，是醫治一切病痛最有效，也是唯一的特效藥。在這個自然、安靜且從容的工作氣氛中，我將找到快樂的泉源！」

當母親看見兒子的這封信時，知道無法改變孩子的想法，只

得答應他繼續實現他的夢想，因爲對她來說：「只要看見他快樂就好！」

勤奮的果戈里爲了督促自己，堅持每天都練習寫作，他說：「作家和畫家一樣，都要隨時帶著筆和紙，因爲一個畫家如果虛度了一天，沒有畫下任何一張草稿，那麼他的筆終有一天要變鈍。」

「一個作家，如果一天沒有思考，並且未寫下任何一段文字，那麼他也同樣虛度了一天，也將失去了創作的動力。」果戈里堅定地說。

曾有後進感到懷疑，問他：「如果，連一個字也想不出來的時候該怎辦？」

果戈里笑著說：「沒關係，你只要拿起筆，把『今天我不知道要寫什麼』一遍一遍地寫下去，一直寫到你覺得厭煩時，你自然就會想創作了。」

「What You Want？」

這是一部汽車廣告裡的主題，正巧可以拿來呼應果戈里孜孜不倦的工作熱情。

因爲他知道自己想要什麼，也因爲他知道自己在做什麼，所以滿腔熱情地投入工作對他來說，不僅是人生的全部，也是他享受生活的重要方式，以及維持生命的重要補給。

看著果戈里快樂的工作，相信在許多人的臉上充滿了羨慕的神情吧！

那麼，你爲什麼不快樂？

有人因爲眼前的工作不是自己想要的，有人則因爲每天抱著錯誤的態度工作，所以快樂不起來，是吧？

如果是因爲選錯了目標，那麼不妨先放下手上的工作，仔細想想你要的是什麼。

只要你一想通了，就別再遲疑猶豫，要像果戈里一般，積極地爭取你想要的。

如果是因爲態度錯誤，那麼現在你也要先放下手上的工作，仔細想想，爲什麼別人可以快樂地工作而你卻不能。

只要能找出問題所在，並重新調整好你的工作態度，你就能像果戈里一般，充分地享受工作的樂趣。

精益求精，讓未來更加堅實

不論我們在什麼樣的領域中實現理想，根基一定要踏實，而且還要對自己所踏出的每一個步伐負責。

作家薩帕林娜提醒我們：「只有不斷地追求探索，永遠不滿足於已經取得的成績的人，生活才是美好的，有價值的。」

人生不是追求吃喝玩樂的過程，而是自我價値的不斷提昇。

如果我們不懂得在自己專精的領域精益求精，而沉迷於物質層次的享樂，那麼生活就會變成沉重的負擔。

做自己想做的事，我們更要堅持精益求精，因爲精益求精不僅能讓夢想更加堅實，還是我們成就完美人生的重要方法。

生活十分清苦的傑克，經常連寄送稿件的郵票錢都湊不出來。

雖然生活辛苦，但他仍然堅持自己的理想。爲了不讓夢想消失，他每天都努力地一字一句撰寫草稿。

他經常這麼告訴自己：「傑克，你絕不能放棄，絕對不能馬虎，你一定要對自己的未來負責！」

一天要寫一千多字的他，一個星期便安排了六天的時間在堆砌文字，留下來的一天，則是安排出外打工，以賺取基本生活費用。雖然一天只有一千字，但是這一千字卻也經常讓他茶飯不思，

甚至他還曾用了近二十個鐘頭的時間來孕育靈感。

所以，每當傑克將進度完成時，他總是激動地說：「花再多的時間也值得，因爲這才是我想要的！」

曾經有個朋友不以爲然地問他：「你爲什麼要這麼辛苦地賺錢？每天交稿的字數那麼少怎麼行？其實你名聲那麼響亮，不論文章如何都一定會被刊登，每天再多寫幾千個字嘛！反正他們一定能接受，這樣一來你不就能多賺點稿費了嗎？」

傑克一聽，很不高興地說：「不行，如果我只想著多賺點錢，就一定寫不出好東西。你要知道，好的作品不是隨隨便便就能從墨水瓶中流出來，好作品就像砌一面牆一樣，每塊磚都必須嚴選一番，如此才能建造出富麗且風雨不搖的房舍啊！」

《在與思想家對話》書中，有一段關於好文章的定義：「好的文章可以簡練到每個詞都能加重語氣！」

要如何達到這樣的境界？我們將目光回到傑克的身上，聽聽傑克的創作堅持，然後我們便會知道好文章之所以吸引人的原因。

從傑克的文字堅持中，你是否也看見了他的成功技巧？

方法無他，凡事精益求精就對了，因爲不論我們在什麼樣的領域中實現理想，根基一定要踏實，而且還要對自己所踏出的每一個步伐負責，一如傑克在故事中給自己的勉勵：「要對自己的未來負責！」

因爲堅持負責，也因爲背負使命，所以傑克每次完成作品後，都要被自己筆下每一個充滿生命的文字感動。

換個角度，我們轉頭看看自己一路走來累積的，面對那些已經完成的事，在你心中是否也充滿了成就感？

用心感受，便能聽見幸福的聲音

用心地感受生活每一個時刻，無論面對著什麼樣的現實，始終只看得見人生的幸福面。

哲學家歐里庇得斯曾說：「一天一天地活下去，不要求更多的東西，從而得到生活的樸素精髓，這樣的人最快樂。」

用心生活，學會知足，然後我們便能得輕易地獲得滿足。

滿足讓我們懂得珍惜，學會了珍惜，我們便能掌控自己的心情，隨時享受到生活的幸福。

在鄉下，有一對相依爲命的夫妻，由於妻子是個聾人，所以無法工作 賺取生活費，家裡的收入全靠丈夫一個人出去掙。

由於丈夫經常要輪班，工作時間無法像別人那樣固定，有時是凌晨時分，有時則是深夜時刻；當先生回到家時，妻子經常是熟睡的，再加上聽不見的耳朵，無論先生怎麼呼喊或敲門，妻子也不知道要幫他開門。

於是，他們兩個人想出了一個方法。

每天晚上睡前，妻子都會將一條細繩子綁在她的手腕上，而繩子的另一頭則讓它垂到窗口外，如此一來，不管丈夫多晚回家，他只要在窗口輕輕地拉一拉繩子，妻子便會醒來爲他開門。

這個像是按門鈴的溝通方式，很快地成了他們生活的一部份。

然而，再好的點子也會有缺點。因爲，這個秘密的溝通方式被頑皮的孩子們發現了，只要他們發現她的丈夫還未回來，那麼他們深夜一到，就都會來到窗口，故意地拉扯那條等待丈夫回家的繩子，爲此婦人也醒來了一次又一次。

原本孩子們還以爲婦人會因此而大怒，但婦人卻因爲了這個惡作劇重溫了青春時期的幸福感受。

因爲，每當孩子們在夜裡將她喚醒時，她發現：「沒想到在這不同時刻裡的夜，竟然有那麼多的變化，我好像又聽見了青春時期的風聲夜語。」

婦人一次又一次地醒來，也一次又一次地迎接了和風與月光，雖然有時會被忽然落下的大雨打溼，但是她總是微笑迎接。因爲在這個時候，她再次地憶起了：「嗯，在那年這樣的風景裡，應該是那樣的聲音！」

因爲耳朵聾了，婦人與丈夫之間的溝通多了一條線，那不是拉扯而是牽繫，雖然被頑皮的孩子們拿來開玩笑，但是卻一點也無損於婦人的知足。

因爲，每一次線拉都充滿了甜蜜的期待，無論是迎接丈夫的夜歸，還是在細雨紛飛或夜風吹拂下的回味，對她來說，每一次線拉都是幸福的打擾。

在微風的吹拂下，你有什麼感受？

是像故事中的婦人一般憶起往日的幸福滋味，還是囚困於眼前的失意，忘了曾有過的幸福味道？

回到故事中，我們也看見了婦人享受幸福的方式，因爲聽不

見，所以她永遠也聽不見孩子們的嘲笑聲，更聽不見人們的是是非非；因爲聽不見，讓她更用心地感受生活每一個時刻。儘管眼前面臨著許多困境，但是她並不苦惱，反而能用更開闊的心情去面對。所以，無論她面對著什麼樣的現實，她始終只看得見人生的幸福面。

那麼，比婦人擁有還多、身體更健全的我們，爲什麼不能學學婦人，隨時拋開生活的不如意呢？

幸福要靠我們自己找尋，只要能用心體會，保持好心情，我們隨時隨地都能聽見幸福的聲音！

投機取巧往往害人也害己

以阻斷別人財富的方式來成全自己，不僅有損於商業競爭的公正性，一旦事跡敗露，還會讓自己失去所有的機會。

競爭要講求正道，不能一味地只想投機取巧。其實，追求財富有許多方法，第一條路不通，再找第二條路，只要我們不輕易放棄，一定能找到累積財富的正確方法。

嵐山是京都非常著名的一個旅遊景點，在百花齊放的春分期間，居住在京都的有錢夫人或小姐們都會身著華服，來到這個山林中賞花。

這天，有個氣質優雅的女孩向一位農夫要求：「對不起，我能不能向您借用一下洗手間？」

農夫田中客氣地帶著女孩，朝向簡陋的廁所走去。

但是，當女孩一到廁所門口，臉上立即表現出難爲的表情，因爲這間廁所實在很髒。

只見女孩紅著臉，微微地說了聲「謝謝」，接著便勉強地走進這間又舊又髒的小茅廁。

農夫看見這個情況，心頭忽然一震，便想出了一個點子。不久農夫就在廁所門口貼了一張告示：「借用一次三文錢。」

從此每到遊客如織的賞花季節，農夫出租廁所賺取的收入，竟比他當季的農作收入來得高，雖然他的管理情況很差，但因為是獨佔性市場，因此遊客們也只好忍臭如廁了。

松島先生發現農夫竟然以出借廁所致富，十分不以爲然，憤憤不平地對妻子說道：「那個田中竟然一轉眼就賺了那麼多錢，今年春季來臨前，我們也來蓋一間廁所出租，而且要賺得比田中多！」

但是，妻子卻反對：「我們蓋了座新的廁所又如何？人家田中的廁所已經是老字號了，會去那裡的客人們都是些老主顧，我們很難搶啦！」

「哼，誰說我們搶不到田中的客人！妳看田中那個廁所，又骯髒又臭又簡陋，要不是他獨佔市場，我想客人們也不願意到他那兒了。我已經想好了新廁所的藍圖，我要蓋間和式的高級廁所，建材要用杉木，天花板則用可以除臭的香蒲草……」

松島先生滔滔不絕地說著，妻子卻越聽越遲疑地看著丈夫，當松島先生說完時，妻子便問：「那麼你要租多少錢？」

當下松島先生並沒有立即回答妻子的疑問，直到廁所修建好了之後，他便將廁所的告示牌擺放到入口處：「租用廁所八文錢！」

「一次八文錢？」

許多仕女們只看見這個告示牌便止步了，這時妻子走進了廁所，伸手敲了敲杉木柱子，接著有些埋怨地說：「你看，花了那麼多錢，結果呢？」

松島先生也有些惱怒：「別嘮叨啦！明天我到處走一走，保證上門如廁的人會讓妳接應不暇。」

第二天，松島先生比平時都晚起，約莫十點鐘才出門。

他將飯盒掛在胸前，臉上竟出現了誓死如歸的精神，妻子一看，心想：「他到底想做什麼？」

這時，松島先生忽然轉身對妻子說：「孩子他娘，妳老是說我這輩子一點出息也沒有，我今天就要讓妳看看我的本領，今天只要我到旅客群中走一走，保證讓妳得忙的團團轉，記得啊！糞缸滿時，妳可以掛個暫停使用牌，請那個田中先生來幫幫妳啊！」

不久，有個女孩走了進來，接著往錢箱裡投入了八文錢，妻子吃驚地看著女孩：「我的丈夫什麼時候變成神仙啦？竟然有預知的能力？」

女孩走了之後，又走進了一對情侶，從那一刻起，松島太太每隔一個小時，便得暫停與清理廁所一次，直到傍晚，松島太太終於有時間休息了，接著她開始點算今天的收入：「竟然賺了八貫啊！平時我們連二貫錢都賺不到呢！沒想到老頭子的點子真的實現了！」

開心的妻子立即出門買了好些酒菜，耐心地等著辛苦出去拉客人的松島先生回家。忽然，門外傳來人聲：「松島太太在嗎？」

松島太太一聽是田中先生，立即開門回應：「什麼事，田中先生？」

但是未等田中先生回答，松島太太便驚呼出聲：「我丈夫怎麼了？」

「他可能待在田中先生家的廁所太久了，被臭氣薰死了！」另一個幫忙抬松島先生回來的鄰居說。

原來，松島先生出門後便直接到田中先生家的廁所，丟了三文錢後，就一直待在裡頭不肯出來。

每當有人推門或敲門時，他便會咳個兩三聲，讓人們知道裡面還有人，到後來他連聲音都咳啞了。

傍晚時，田中先生發現廁所仍然鎖著，但敲門卻沒有回應，這才覺得有異狀，等撞破門時，便看見松島先生躺在廁所裡了。

看完這個日本作家川端康成所寫的灰色喜劇般的故事，相信在發出對主角的訕笑中，我們心中都出現了這樣一個反省：「爲了賺錢而用盡心機，最終還喪送了自己的性命，實在太笨了！」

回到現實生活中，相同的戲碼不也經常發生在我們身邊嗎？爲了金錢財富而投機取巧的人不也處處可見？爲了財富而走偏路的人不也屢見不鮮？

人生的機會很多，不要像松島先生一般，以阻斷別人財富的方式來成全自己，因爲，那不僅有損於商業競爭的公正性，一旦事跡敗露，還會讓自己失去所有的機會。

再跨一步，你就能看見新視野

不管眼前景況如何，都不是人生的盡頭，
只要你不放棄自己，積極前進，再跨一步
就一定能看見全新的人生視野。

感情遭遇挫折，往往會讓人的心情陰鬱晦澀，舉目所見盡是死灰慘白。其實，大多數人都曾情場失意過，傷心難過自然難免，但卻不能放任自己就此一蹶不振。

失戀的時候，不妨仔細品味一位奧運射箭金牌選手說過的話語：「不要留戀射出去的箭。」

展現精采人生的機會何其多，何必執著於失意的時刻？

人生的步伐不是只有三兩步，前進時如果出現了阻礙，我們還可以大步跨越。別再停滯於當下的挫折，因為失意的步伐其實只有一步，只是用來考驗一個人的堅強與勇氣。

只要能積極地跨出新的步伐，我們的人生除了快意之外，還有快樂。

阿民失戀了，情緒低落的他竟心生自殺念頭。

「叮咚！」阿民打開門一看，是小離來找他。

小離一看見滿臉愁容的阿民，便說：「總歸一個『緣』字，你就別想太多了，太過勉強的情感會帶來不幸。」

「我很愛她，我眞的很愛她⋯⋯」阿民失神落魄地說著。

小離看著癡情的阿民，嘆了口氣說：「我們出去走走啦！」

於是，小離拉著阿民出門，接著信步地走到遠處的一座公墓。

有點尷尬的小離與心情更加沉重的阿民，看見這個景像，兩個人同時沉默了下來，因爲他們不知道能說什麼。

忽然，小離指著遠方叫喊著：「阿民，你看！」

阿民循著小離的指引望去，是隻彩蝶！

小離興奮地說：「多麼美麗的彩蝶啊！你看，她就在那個墓碑上快樂地飛舞！好美！」

阿民似乎沒有聽見小離的呼叫聲，只是靜靜地望著彩蝶。

突然，阿民像是發現什麼似的，整個人猛地精神了起來，而且雙眼炯炯有神地看著前方。

因爲他發現：「一邊是沉靜的死寂狀態，一邊是充滿律動的蓬勃生機。仔細想想，那個沉睡的生命生前一定比彩蝶偉大，但畢竟他已經死去，再也不能像彩蝶那般，享受人間的美好。」

阿民一想到這裡，雙眼睜得更大了：「是的，沒有好好地享受活著時候的美麗，實在是生命的一大缺憾啊！我怎麼那麼笨呢！」

小離看著阿民臉上莫名其妙地變化著，還以爲他正痛苦地回憶起過往，忍不住安慰著他說：「既然你連死都不在乎了，又何必擔心活著的事呢？」

阿民看著小離，沒有多說什麼，只有簡單地笑了笑，點了點頭，接著又回頭欣賞那隻讓他決定要好好活下去的彩蝶。

在死沉墓碑與活力彩蝶的鮮明對比下，聰穎的阿民領悟出生

命的珍貴，面對人生中的失意與失戀，你是否也曾像阿民一般，爲了小小的失去而放棄與否定自己呢？

好好地活下去吧！當彩蝶在陽光下燦亮地展現生命活力時，我們確實也和阿民一樣，看見了生命的奇蹟和希望。

不論我們正處在什麼樣的環境，能活著就會一定會有許多機會。遇見失意的人，我們會說：「靜待苦盡甘來時！」

遇見失戀的人，我們總說：「下一個情人會更好！」

這些話看似安慰，其實是提醒人們，凡事不可鑽牛角尖。不管眼前景況如何，這都不是人生的盡頭，只要你不放棄自己，積極前進，再跨一步就一定能看見全新的人生視野。

真正的完美必須完整

學會犧牲，為多數人爭取利益，然後我們必定能發現，當大家願意利益均享時，我們所得到的好處更甚於單打獨鬥。

從藝術的眼光，我們可以這麼說，爲大多數的人爭取利益，反而更能獲得完整的利益，因爲全體可以代表個體，但個體卻不能代表全體。

換句話說，不強調突出個人，能執著於追求完整的人才能不斷進步，並成就眞正的完美與成功。

在巴黎市中心的一個交叉口上，有座法國文豪巴爾札克紀念碑的塑像，這座塑像上的巴爾札克正昂著頭、披散著髮，並以嘲笑和蔑視的目光注視著眼前的花花世界。

但是，這座莊嚴的塑像卻沒有雙手！

原來，這是雕塑家羅丹的作品，他爲了表現出《人間喜劇》的思想情感，爲了表達出巴爾札克的內心全貌，極其認眞地投入巴爾札克的世界。

塑像進行之前，委託者要求他必須在十八個月內完成，並給了他一萬法郎的定金，但是爲了爭取更多的時間製作，他退回了定金，請求委託者再多給他一些創作時間。

雖然羅丹創作十分嚴謹，但是他也不是個閉門造車的人，喜歡聆聽別人意見的他，經常在作品告一段時請朋友們來欣賞作品，並請他們提供意見。

這天深夜，羅丹終於將巴爾札克的塑像完成了，正獨自一人欣賞著這件曠日廢時的精心之作。

只見羅丹十分滿意地看著雙手疊合在胸前的巴爾札克，不久之後，忽然他跳了起來，迫不急待地叫醒一名學生：「馬克，雕像已經完成了，你快來看看有什麼感覺？」

從睡夢中被喚醒的馬克揉了揉惺忪的雙眼，接著便仔細地看著巴爾札克，忽然間他眼之一亮，帶點激動地說：「老師，這實在太美了，我從來沒有見過如此生動的手啊！」

這是一句讚美的話沒錯，但是羅丹聽見這句話後的反應卻十分不自然，匆匆地跑出了工作室，又拖來了另兩名學生。

其中一位的讚美更誇張了：「這是一雙只有上帝才能創造出來的手，他們簡直像眞的一樣！」

羅丹一聽，臉拉得更沉了，似乎很不滿意這個答案，這會兒他認眞地看著另一位即將開口的學生。

「老師，你塑造出來的這雙手已足以讓您名傳千古了！」

羅丹聽見這個學生的讚美後，突然十分激動，只見他在屋內走來走去，反覆地看著這尊雕像。

就在這個時候，他突然拿起了一把榔頭，狠狠地朝著那雙舉世無雙的完美之手敲了下去。

學生們被老師這個突如其來的舉動嚇到了，一時間全都呆住了，不知道要怎麼反應。

過了一會兒，才有學生開口問：「老師，您……」

只見羅丹微笑地說：「孩子們，這雙手很突出不是嗎？它們

已經有了自己的生命，不屬於這座雕像的一部份了！」

孩子們似乎還未聽懂，只見羅丹繼續說：「你們要記住，一件眞正完美的藝術品，只要任何部位一拆開，永遠都比不上整體的美。」

爲什麼缺了雙手的巴爾札克雕像，在羅丹的眼中才是最完美的？完美的標準到底在哪裡？

完整，是指不突出任何單一部位；換句話說，當個人的成功不代表群體成就的時候，這樣的成功便不算成功，充其量只不過是個人表現罷了。

所以，成全完整是羅丹的完美標準，爲了不讓雕像上的雙手成了雕像的唯一焦點，他寧願犧牲個體，成全雕像的整體美。

看著完美雙手的破碎，我們更加明白了藝術大師塑像的眞正目標：「我要的完美包含完整！」

這個寓意深刻的故事告訴我們，不必著急於獲取個人利益。學會犧牲，爲多數人爭取利益，然後必定能發現，當大家願意利益均享時，我們得到的好處更甚於單打獨鬥。

藏在生命裡的共同記憶

曾經擁有過的幸福滋味，曾經共渡的歡樂時光，全藏在我們的記憶深處，什麼時候才會被喚起、念起？那得等到你不再汲營於眼前的生活之後。

我們和許多人有著共同的記憶，無論回憶是快樂還是悲傷，它們都將永遠埋藏在我們生命裡，直到你不再困於生活的失意，也看透了人生的悲喜，這些塵封的記憶才會重現。

已經都八十幾歲的爺爺和奶奶，同時出現了老年癡呆症的情況，他們經常一起看著我們，卻又同時搞不清楚我們是誰。

像爺爺就經常指著小弟弟對奶奶說：「這個小孩到底是誰？怎麼一直待在我身邊啊？」

過了一會兒工夫，他們兩個人好像又同時清醒了過來，甚至開始說些只有他們知道的回憶。

你聽，奶奶現在正嘟著嘴說：「你啊，老頭子，那一年你送給我的羊皮，我早就做成了這件棉襖，你看，我穿了這麼多年都還像新的一樣！」

爺爺也不知道有沒有聽清楚奶奶說的話，但是，他仍然接口說著：「還說呢！老太婆，那天早上，妳不是給了我兩顆梅果嗎？我的天啊！我到現在還覺得牙很酸呢！」

每天，兩個老人家像似旁若無人似地，開心地重複著這幾句對白，雖然像在吵嘴，但是他們的表情卻相當幸福、祥和。

媽媽笑著向我們解釋道：「爺爺和奶奶他們還很年輕喔！他們不是老年癡呆，他們只是有些事情不想記得太清楚，現在爺爺和奶奶的記憶裡只有年輕時候的幸福景象囉！」

沒有人能理解兩位老人家的對話內容，只因那是藏在他們兩個人生命裡的共同記憶，記憶裡全是他們曾攜手走過的經歷，無論辛苦或甜蜜，箇中滋味只有他們知道。

看完兩個老人的甜蜜故事，你的心中是否也激起了不少感動漣漪呢？

曾經擁有過的幸福滋味，曾經共渡過的歡樂時光，全藏在我們的記憶深處，什麼時候才會被喚起、念起？

那得等到你不再汲營於眼前的生活之後。

因爲，當我們嚐盡了人生的起伏與失落之後，才會懂得過去曾有過的幸福是那樣的珍貴。也才會懂得，眞正的溫暖幸福竟發生在我們人生大起大落的時刻。

讓生活與工作保持最佳的平衡

不要讓過度的疲勞成為永久性的生活狀態，也不要把加班賺錢視為換取生活幸福的方法。

工作是每個人生活中的重要部分，但卻不是唯一的部分。

無論你多麼熱愛工作，多麼享受你的工作，也絕對不能拿其他的生活來犧牲，就像經常「廢寢忘食」的人，有一天他們會發現，犧牲的不只是健康的身體，還包括寶貴的生命。

許多人跟小童一家人情況相近，大人們每天加班，除了沒有足夠的時間休息，還得拿辛苦加班的錢，支付代他們陪伴孩子的托兒中心費用。

小童的媽媽說：「這些犧牲是值得的！」

爸爸也贊同說：「是啊，我們一切都是爲了這個家。」

有個好友卻勸他們：「值不值得，旁人無法妄下定論，但是別忘了，生活中除了工作之外，還有許多的事情，要靠我們花更多的心力去經營。」

朋友之所以這麼說，是因爲他發現，每次拜訪小童家的時候，夫妻倆總是滿臉疲態，小童跟妹妹則坐在角落，安安靜靜地排列積木，偶爾抬起頭看父母時，臉上卻是陌生又帶點厭惡的神情。

朋友發現他們親子之間的距離已經產生，未來可能發生的代溝問題，也隱約可以預見了。

朋友曾經對他們說：「你們知道嗎？我偶爾拒絕加班的原因，其實只是爲了跟全家人好好地吃一頓晚餐而已。對你們而言，或許這會突顯我對工作的不盡心，然而我認爲，加班不一定是盡忠職守的表現，如果能在工作時間內完成任務，隨時保持最佳的工作精神，便已足夠了。」

朋友接著又說：「至於工作之外的時間，我有家人與朋友們要經營，還有健康要維護。所以，不要讓工作越了界，佔據所有的生活時間，才是保持活力的最佳方式。」

加班是工商社會裡的常態，其中除了因應商業競爭的必須外，也有人是因爲工作時間分配不當，導致不得已的加班情況。當然，也有人是爲了多賺點錢，充實自己的財富。

不過，當你下一次再加班時，不妨想一想，如果你減少加班的次數，對生活會有多大的影響？別人可以在不加班的情況下，準時完成自己的工作任務，你爲什麼不能？

不要讓過度的疲勞成爲永久性的生活狀態，也不要把加班賺錢視爲換取生活幸福的方法，因爲，這些都是錯誤的觀念。

適當的工作時數，讓生活與工作皆能得到平衡，才能增加工作效率與幸福生活的指數。不要再用「這麼辛苦全是爲了你們」作爲藉口，當你希望家人能體諒你時，別忘了他們也需要你的問候，一個全心全意、不被工作佔據的關心。

工作是生活的一分子，親子溝通也是生活中的一部分，即使簡短地聊聊天，也要暫拋工作心思，全心全意地關懷家人才是。

再辛苦的難關
也一定能走過

時間一定會帶走所有困頓，

所以我們一定要努力上進；

只要一過了這個難關，

下一步我們就會來到夢想的天空。

關懷是支持生命的最大力量

只要你願意接納和擁抱每一個人，你的生活不僅會充滿快樂陽光，生命也會燃燒得燦亮動人。

證嚴法師曾經說過：「要生活健康，心靈富有，就一定要有愛心。」

支持生命的力量雖然很多，但卻只有愛，才會讓我們的生命更加積極；唯有願意付出關懷的人，才能真正地享受生命的樂趣與幸福。

有個垂垂老矣的婆婆，每天只能坐在陽光下熬日子，面對枯躁乏味的餘生，坐在搖椅上，她經常忍不住叨唸著：「我好像聞到棺材味兒了！」

每當她一想到這裡，原本被太陽曬得通紅的臉，頓時又失去了生氣。悲觀消極的她，經常覺得自己活在世上是多餘的：「是啊，我是一堆快被世界分解掉的垃圾！」

有一天，頹喪的老婆婆又在胡思亂想時，在她身後突然出現一個小女孩的聲音：「奶奶，我好餓喔！您能不能給我一點吃的？求求您！」

老婆婆看著眼前又臭又髒的小女孩，惻隱之心油然而生，於

是一邊拉著女孩進屋找吃的，一邊則親切地問著：「孩子，妳的家人呢？」

女孩泛著淚光說：「我沒有家人！我是個孤兒！」

老婆婆拿出了一塊麵包和牛奶，和善地對小女孩說：「慢慢吃吧！等會兒奶奶幫妳洗澡，好不好！」

小女孩一聽，用力地點了點頭。從此，這間屋裡又多了一個小女孩的身影，每當老婆婆在後院曬太陽時，小女孩都會守在她的身邊。

然而，每當老婆婆又忍不住嘆息著自己就快死了的時候，小女孩都會拉著她的手，著急地說：「奶奶，您不會死的！您不能死啊……」

婆婆每次聽見小女孩著急地哭了，都會將女孩抱在身邊，安慰她說：「好，好，奶奶不會死！」

女孩一天一天長大了，爲了孩子的未來，老婆婆開始出去工作。由於年事已高，她只能撿拾些破酒瓶來換錢，雖然生活吃緊，但她卻十分努力地四處尋找可以回收的酒瓶。

其實，死神來找老婆婆好幾次了，然而每當老婆婆嗅到死神氣味時，都會喃喃說道：「再過一陣子吧！那孩子還需要我！」

死神似也被老婆婆的大愛所感動，每當老婆婆從氣息奄奄中忽然精神抖擻起來，人們也相信眞有「死神」這一回事。

小女孩終於長大了，然而，長大後的女孩卻找到了新的依靠，與一位年輕人走了，從此沒有再回到老婆婆的身邊。

這天死神又悄悄地來了，倚在窗邊的老婆婆，眼神正凝望著遠方，似乎期待著奇蹟能夠出現般。

死神搖了搖頭，說：「時候到了，我們走吧！別再等了！」

只見老奶奶安詳地點了點頭，雙眼從此闔上，當人們發現她

時，卻見她滿臉堆滿了笑容。

當我們看見老奶奶帶著笑容離開人間，我們感受到了施惠者的快樂感受，也明白了時時懷抱愛心的好處。

不必太在意女孩的一去不回頭，因爲那不是故事中的重點，也不是老奶奶撫養女孩的最終目的。

對老奶奶來說，臨老還有個活力十足的小娃娃來陪伴，即使付出再多，也是她歡喜甘願的享受。

看著老奶奶晚年燭光如此熱烈地燃燒，你是否明白了關懷的好，又是否願意從此刻開始，把無私的關懷時刻放在心上呢？

張開雙手吧！只要你願意張開雙手，人們自然會上前給你一份熱情擁抱，只要你願意接納和擁抱每一個人，你的生活不僅會充滿快樂陽光，生命也會燃燒得燦亮動人。

再辛苦的難關也一定能走過

時間一定會帶走所有困頓，所以我們一定要努力上進；只要一過了這個難關，下一步我們就會來到夢想的天空。

時鐘停擺的時候，換上了新的電池，看著秒針積極地前進，聰明的人也領悟到，不管生活多麼沈重，一切都會過去！

一切都會過去，千萬不要被眼前的逆境囿限，堅強地熬過下一秒鐘，我們便能嚐到苦盡甘來的滋味。

如琳從小就對祖母留下來的桃花木盒很感興趣，特別是那個工藝精美的銅鎖，在如琳的爸爸經常擦拭之下，保持得十分黃亮。

「裡面裝了些什麼東西呢？」小如琳雖然經常看見父親拿出這個小盒子，但是卻從未見過盒子裡的東西，一直到她十七歲生日的那天。

「如琳，妳過來。」

只見父親拿出了祖母的小木匣遞給了如琳：「打開它！」

如琳有點懷疑地看著父親，因爲這麼多年來，不管她央求父親多少次，他從來都說：「不可以。」

如琳的爸爸似乎看出了女兒的遲疑，用力地點了點頭。

於是，如琳小心翼翼地打開了盒蓋，裡面有一個繡花包，不

過這個繡花包看起來鼓鼓的。

「咦？裡面還有東西！」如琳的心跳得非常厲害，感覺興奮莫名。

小荷包打開了，裡面竟是一包針和幾綑線！

如琳吃驚地看著小荷包，這時父親對她說道：「孩子，這是妳祖母留下來最珍貴的財產，我和妳叔叔他們全靠妳祖母這些針線，一點一滴把我們扶養長大。妳祖母去逝之前，只留下了這個盒子，她要後輩子孫們知道，只要能勤奮上進，再辛苦的難關都能走過。」

如果你邊聽著一曲傳統歌謠，邊閱讀這篇文章，心中定然會充滿感動，看著如琳奶奶的桃花木盒，我們也看見了上一代努力傳承給下一代的希望。

在早期的台灣社會中，有著所謂的針線情。當年，我們可以在加工出口區看見一個個充滿風霜的面容，更會在她們的面容上發現一份堅毅的韌性女工們爲了下一代，更爲了她們所愛的一切，將血汗全編織在一件件織品裡，我們也看見了她們希望的未來。

「時間一定會帶走所有困頓，所以我們一定要努力上進；只要一過了這個難關，下一步我們就會來到夢想的天空。」這是老奶奶放在桃木盒裡的深意，也是她留給後輩子孫們最珍貴的遺物！

為了擁有，我們必須學會犧牲

因為貪婪，我們鮮少願意為世界犧牲，只知道向自然索求，因為私我，我們總是期待別人能多付出一些。

想擁有，我們必須先有所犧牲；先犧牲，我們才會擁有。

因爲，擁有和犧牲是互補的，這是千古不變的定律，也是避免人們過分貪婪的自然法則。

一場突如其來的大雨，讓山上的洪水開始翻滾而下，正在工地裡休息的工人們聽見了山洪爆發的聲音，全都驚醒了過來。

忽然，有個人叫喊了一聲：「洪水來了！」

現場所有的工人們開始慌張地奔逃，一路往北狂奔，最後來到一座狹窄的獨木橋頭。洪水聲越來越近，大水已經淹到了他們的腳，只見一群人全擠在橋邊不知所措。

這時老工頭突然站到人群的前方，冷靜地說：「這座橋十分狹窄，大家排成一列，不要推擠，一個一個地走過去，年輕人排在最後！」

人群中有人叫喊著：「年輕人也是人啊！」

老工頭一聽，冷冷地說：「別廢話！想早點走的話，到我這兒來登記啊！」

大家看見老工頭滿臉不悅，也不敢再多說什麼，一百多名工人們很快地排成了一列，依序從老工頭的身邊走過了獨木橋。

洪水越淹越高，忽然，老工頭發出了一個怒吼聲：「你還是個人嗎？」接著，從人群中拉出了一名小伙子，罵道：「你最後一個走！」

年輕人被拉在一邊，忍不住狠狠地瞪了老工頭一眼。

所幸，這個小插曲沒有影響到隊伍前進的秩序，就在木橋快要抵擋不住水勢的同時，工人們幾乎都安全地來到了對岸，除了老工頭與年輕人。

水已經深及他們的胸膛，情勢十分危急，對岸的人們紛紛著急地呼喊著：「快過來啊！」

只見年輕人催促著老工頭：「你先走！」

但老工頭卻怒吼著說：「少廢話，你先走！」他用力地推著年輕人上橋，但就在這個時候，一聲轟然巨響，木橋斷了！

老工頭親眼目睹年輕人落入洪水中，原本嚴肅的臉登時充滿了悲痛，就在他張口想叫喊時，一個大浪忽然打在他的身上，兩個人同時消失在湍急的洪水中。

工人們眼看著老工頭與年輕人雙雙被洪水吞沒，卻無力上前救援，全跪在岸邊哭泣。

五天以後，洪水退了，一個滿臉哀傷的老太太被人攙扶著來到岸邊，她是來這裡祭奠被洪水吞沒的兩個人：「老頭子，你還算有兒子相伴啊！而我卻只有一個人哪！」

工人們聽見老太太的哭喊，忍不住都紅了眼眶。

看著父親指導孩子要懂得為大愛犧牲的畫面，也看見為了親

情犧牲的畫面，閱讀至此已經有許多人紅了眼眶，再見到最終老太太不捨親人的畫面後，相信許多人早已感動得不能自已。

故事結束時，你是否也忍不住會問自己：「相同的事情如果發生在我身上，我會怎麼取捨？」

生長在強調個人主義的現代社會中，我們早已習慣以自己為中心，處處只為自己著想。因為貪婪，我們鮮少願意犧牲，只知道索求，因為私我，我們總是期待別人能多付出一些，自己卻不願多為他人著想。

省思至此，看見故事中工頭傳遞出來的「為他人犧牲」的精神，我們除了感動外，是否也該想想：「我是否太本位義了呢？又是否忽略了他人的感受，以及與生命之間互動時的眞正需求？」

在信守諾言中培養勇氣與承擔

讓孩子們在規則的遵守中，培養出遵守社會秩序與良性互動的品格。生活中一切人事物都富含著極大的潛移默化作用！

生活中的每一個環結都環環相扣。因爲能堅守諾言，我們會是個勇於承擔責任的人，爲了遵守信用，我們會從評估自己的能力後，學會量力而爲。

能做到堅守並尊重諾言的人，實在是少之又少，不過在德國卻有這樣一則信守承諾的小故事。

冬夜裡的城市十分冷清，一位正要趕搭末班車回兵營的軍官，卻被一位婦人攔阻。軍官有些生氣地說：「我要趕回兵營去啊！快走開！」

婦人一聽，連忙退了一步，但旋即又上前哀求：「對不起，長官，我不是故意要找您麻煩，只是，只是我有個孩子，他還站在街頭……」

婦人有些呑呑吐吐地說：「對不起，因爲我兒子和其他孩子們原本在街角玩站崗遊戲，但沒想到遊戲結束後，其他的孩子們都回家睡覺了，只剩下我的孩子還堅持要站在崗位上。因爲他說：『不行，我的指揮官說，沒有命令就不能撤退！』我不知道該怎

麼辦，只好求您幫個忙，好嗎？」

軍官聽完婦人解說後，沒多說什麼，便跟著婦人來到孩子的面前。只見軍官先是給孩子行個軍禮，並報完他的官階，接著便嚴肅地對著男孩說：「孩子！你的表現十分出色，現在你的任務已經完成了，我命令你立刻撤崗回家。」

「是！」孩子宏亮地回應。

從一個小小的遊戲中，我們也看見了孩子們的個性特質，爲了堅守長官命令的遊戲規則，男孩雖然表現出固執，卻也讓讀者看見了：「未來，他一定是個勇於承擔責任的人！」

從小，我們都曾參與過各式各樣的遊戲，無論是否都能確實遵守遊戲規則，還是經常靈活變通，都代表著我們將來解決問題的態度，所以我們知道，遊戲其實不只是遊戲，也是教育。

像扮家家酒，孩子們在分擔家務的過程中，培養出與家人們溝通協調的能力；其他各式追趕跑跳等趣味遊戲，則讓孩子們在規則的遵守中，培養出遵守社會秩序與良性互動的品格。

就像故事中孩子對於命令的遵從，讓他在遊戲的過程中學會了承擔重任，與堅守諾言，從中我們啓發了一件事：「生活中一切人事物都富含著極大的潛移默化作用！」

故事中的孩子，在寒風中仍然能信守諾言的表現，對於承諾的嚴守，也讓我們深切地體認到，凡事都得從小培養。

為愛犧牲，更要為愛珍惜

真正的愛不一定要犧牲，如果兩個人有著患難與共的心，支持的力量反而會讓我們戰勝一切難關！

爲愛犧牲，不如好好地珍惜你的眞愛。

有人說，愛情的基本是要懂得犧牲兩個字，然而事實證明，一味地犧牲反而更容易讓愛情破碎。

因爲，犧牲更多時候代表著放棄，一旦放棄，想再將對方的心挽回，恐怕再也沒有機會了。

小靜正獨自一個人在公園裡散步。她擁有著挺直的鼻，鼻樑下方則配搭了一只小巧迷人的嘴，再加上那雙水汪汪的大眼睛，人們只要一看見她，都忍不住要多看好幾眼。

今天，她穿了一件黑色的風衣，肩膀上則披著白色的絲巾，這一身簡單素雅的裝扮，更突顯出她的非凡氣質。

「咳！」小靜忽然滿臉痛苦地捂著胸口。

糾結的眉心讓人看了都感到心疼，看護人員嘆了口氣，對著身邊的人說：「可憐的女孩，當她聽見男朋友去逝時，她竟得了肺炎，如今，她的生命時間正一天天地消逝中。」

「咳！咳！」

小靜又咳了好幾聲，知道自己的疾痛會傳染給別人，善良的小靜與人群越走越遠，有時候連家人要來為她打氣，她都拒絕見面。望著遠方，這時突然颳來了一陣風，將小靜身上的絲巾吹落到地上，但有些失魂落魄的小靜似乎一點也不在意，只見她帶著滿臉的愁容，繼續往前走去。

就在她信步走到小徑的盡頭，準備折返回來時，正巧迎面走來一個男子。

這個男子的臉上一點表情也沒有，小靜看了他一眼，男子則冷冷地將手中的白色絲巾遞給了小靜。

小靜接過手後，正準備出聲道謝時，卻見男子的臉上出現了很奇怪的神情。

小靜看見男子臉上的變化，忍不住猶豫了一下，最後連謝謝也沒說，便匆匆地收起絲巾，轉身離去。

不久，小靜病況轉惡，她痛苦掙扎了二天之後，最後還是很不幸地去世了。

沒想到過了三天，看護人員聽說幫小靜拾起絲巾的男子也死了，連遺言也未留完：「我們眞的很相愛，我們都……」

最重要的是，看護人員還打聽到一個消息，那個男子也是位肺炎患者！

看完了故事，聰穎的你是否也看出故事裡的玄機？

為了保護女孩，男孩忍痛犧牲自己的愛意。也因為愛，男孩堅決離開女孩的身邊，獨自忍受相思苦楚。

然而，當我們在看完故事之後，相信許多人都要忍不住斥責老天爺的捉弄：「兩個人都已經病了，為了什麼還要刻意地隔開？

兩個人都已經不再見面了，爲什麼還要安排這樣的巧遇？」

重新勾起了思念，於是我們忍不住猜測著，眞正把他們推進死亡圈的手，不是重病，而是兩份無法割捨的思念。

於是，因爲這份思念的痛苦，讓我們忍不住思量：「要怎樣爲愛犧牲才値得，是獨自承擔，還是一起分擔？」

愛情的標準因人而異，爲愛犧牲的程度也因人而異，我們無法找到犧牲的絕對値，也無法設計出標準値，只能給與天下有情人一個建議：「你可以為愛做出犧牲，但更要懂得珍惜，因為真正的愛不一定要犧牲，如果兩個人有著患難與共的心，支持的力量反而會讓我們戰勝一切難關！」

懂得尊重才是真正的愛

缺乏包容與尊重的人際交流，很難擁有美好結局，缺乏包容與尊重的愛情追逐，無法擁有美好的成果。

謙虛的微笑最是美麗，包容的臉龐最是溫暖。

當我們的目光投注在美麗的微笑裡便再也無法移動，當我們的心思專注於包容的臉龐中便會感受幸福的滋味。

在街角的一間獨棟公寓頂樓，有個美麗的女子正站在陽台上乘涼，她那似水般的雙眸以及微風吹拂的秀麗髮絲，總是不經意地引得路人佇足欣賞。

「那是誰家的女孩？眞美！」路過的人們總是這麼讚美著。

有一天，有個男孩經過此地，也和大家一樣被女孩的美麗吸引，忍不住地停下腳步，仔細欣賞。但是，男孩這一佇足，從此再也離不開了，因爲他完全爲女孩的美貌著迷。

有一天，女孩準備出門時，男孩立即上前表示友好：「小姐您好，我十分喜愛您，能不能和妳交個朋友？」

女孩滿臉傲氣地看著男孩，接著便不屑地說：「好哇！如果你眞的那麼喜歡我的話，請你站在陽台下一百天，我自然會下樓來找你。」

男孩果眞實行了，無論颳風下雨，他從來都沒有離開過。

「明天就是第一百天了！」驕傲的女孩忍不住想看看那個男孩。然而，就在這個時候，她卻看見那個男孩緩緩地站了起來，提起了椅子若無其事地走了。

女孩一看男孩居然走了，竟難過得暈了過去。

把頭抬得高高地看人，人們當然無法感受到你的情感，更別提他們是否能接受你了。

畢竟多數人不懂得經營一份充滿距離感的情感，更因爲難以估量到收穫多少，寧願放棄，一如故事中的男孩。

如果外表的美麗僅止於外表，醜惡的內在最終還是會被發現。因爲外表的包裝一向很薄，只要輕輕一碰觸或是步伐再靠近一些，我們不難發現內裡的物件，了解到這樣的愛戀不值得付出！

領悟了故事想告訴我們的旨意，還高掛著傲氣的人們，是否已經開始收斂起氣焰呢？

缺乏包容與尊重的人際交流，很難擁有美好結局，缺乏包容與尊重的愛情追逐，無法擁有美好的成果。

所以，無論我們正在經營什麼樣的情感，都不能忘記這個道理：「不管是愛情、友情還是親情，包容與尊重是串起這些情感的重要環扣！」

「真」是生命中最珍貴的

對你來說，什麼才是你生命中最寶貴的東西？是錢？是文字？還是健康？又或是情感？

眞實地分享你的生命，不必隱藏，因爲你分享得越多，人們回應給你的眞實情感將會更多！

能將情感紮實地展露出來，人們才會誠摯地接納你，倘若這是你生活中是重要的目標，你將不自覺地展露出生命的自信。

岸邊走來了一個有錢人、一個拳擊手、一個高官和一名作家，他們來到渡船邊，同時要求擺渡人載他們渡河。

但是，擺渡人卻出了道難題給他們：「沒問題，但是你們要把自己最寶貴的東西分一點給我，不然別想搭我的船。」

有錢人拿出了一筆錢，擺渡人立即笑著說：「請上船！」

這時拳擊手舉起了他的大拳頭說：「這個你吃得消嗎？」

擺渡人一看，微笑換成了一個苦笑：「也請上船。」

已經想了很久的高官，這時說：「你送我過河之後，就別做這麼辛苦的工作了，不如到我府第裡工作吧！」

擺渡人聽了非常開心，連忙上前扶他上船。

接著，作家則說：「我最寶貴的東西是寫文章，但我現在一時也寫不出來，不如我唱首歌兒給你聽吧！」

擺渡人揮了揮手，說：「唱歌？我也會唱啊！如果你什麼都沒有，唱首歌也行，只要你唱得好，便送你到對岸去。」

作家清了清嗓子，接著便唱了起來，但他還未唱到一半便被擺渡人打斷：「你唱這什麼歌？眞難聽。」

說罷，他便撐起了篙子，離了岸。

作家呆坐在岸邊，只見暮色越來越濃了，不禁想起等在家裡的妻兒們，還期待著他手中要來的米。

又冷又餓的作家，心中一陣酸楚：「爲什麼會這樣呢？唉！我從未做過壞事，老天爺爲何要這樣待我！」

「你這個嘆息聲比剛才唱的歌好聽呢！現在，你已經把最寶貴的東西分享出來了，請上船吧！」

擺渡人忽然靠岸，作家吃驚地看著他的改變。

擺渡人似乎看出作家的困惑，笑著說：「剛剛你已經把心中最眞實的感受和我分享了！」

作家終於來到了對岸，思索剛剛擺渡人說的那番話，深覺：「船夫說眞好，如果作家沒了眞實的情感，創作之路當然無路可走了！」

第二天，作家來到了岸邊，擺渡人已經不見了，因爲他決定到高官家工作了。作家看著船，心想：「我不如來做擺渡人吧！」

少了財富的誘惑和權力的壓迫，他以誠摯的情感運送每一位客人，也要求乘客們能以眞情回報。

工作一段時間後，作家從中有了領悟：「我竟然從未改行啊！原來，創作和擺渡一樣，都是要把人渡到前方去。」

看似不同的分享方式，其實有著共同的特質，那便是故事中的人物都將身上最眞實的東西分享與擺渡人，像有錢人的金錢、拳擊手的拳頭、高官的權力，以及作家創作時的眞情。

也許，有人要質疑金錢及權力的眞實性，甚至對拳擊手伸出的拳頭嗤之以鼻，但是我們若能仔細分辨，對有錢人來說，金錢不正是他人生最眞實的東西嗎？高官一生追求的眞實目標不正是權力嗎？至於拳擊手的拳頭，不正是他生命的全部？

那麼對你來說，什麼才是你生命中最寶貴的東西？是錢？是文字？還是健康？又或是情感？

聽見作家的嘆息聲，你是否也感受到作家的眞實心聲？看見有錢人大方分享金錢，你是否也感受到富翁眞實的金錢慾望？

當作家最後領悟「人渡人」的終極目標時，我們也領悟了擺渡人分享的寓意：「渡，為了跨越到另一個境地，所以等著人渡，當船夫渡送我們來到了彼岸後，繼續往前走，我們都將發現，接下來我們也要伸出雙手去引渡另一個人，而這才是人生的真諦。」

誠摯的淚光最為閃耀動人

待人真誠，我們才能享受動人的畫面，因為溫厚的心意，我們才能嚐到生命中的幸福感受！

法國文豪羅曼羅蘭曾經寫道：「一個勇敢而率真的靈魂，能用自己的眼睛關照，用自己的心去愛，用自己的理智去判斷，不做影子，而做人。」

感動的淚光必須發自內心，因爲，要是虛情假意，人們始終都感受得到；因爲，不是發自眞心的感受，再多的淚水也不會出現亮麗光芒。

在缺乏光芒的淚水中，我們也看見，在他們心中少有生命的共鳴，當然也鮮少表現出對生命的關愛。

有個熟識高爾基的作家，曾寫了一篇關於高爾基流淚的故事，文中，作家回憶著他遇見高爾基的四次流淚的情景。

那一天，高爾基聽聞另一位作家契訶夫去世的消息後，一整天都沉默不語。

直到晚上，有人在廣場上施放煙火時，他才走出門口，對玩煙火的人們說：「別放煙火，契訶夫剛剛去世了！」

當時，這位作家聽得出來，高爾基的聲音有些顫抖，當然也

看見了他眼角閃爍的淚光。

再一次，是和高爾基一起看電影時。

銀幕裡，出現了一個小孩躺在鐵軌睡覺，轉換個鏡頭是一列火車正急疾馳來，忽然，鏡頭又切換至另一個畫面，有隻小狗冒死迎向火車跑去，牠想要阻止火車前進，拯救牠的小主人。

這一次，高爾基被這隻忠勇的小狗感動，淚光在黑暗中靜靜綻放著。

第三次是在斯默爾尼宮的群衆聚會上，當大會結束，全體與會者起立高唱歌曲之時，那撼動人心的宏壯歌聲，再次讓高爾基熱淚盈眶！

第四次是在彼得格勒車站裡，那天高爾基踏上火車後，站長說司機和爐工想和他見面，高爾基欣然同意：「那是我的榮幸！」

就在與四隻粗糙的手緊握之後，高爾基的眼眶再次紅了。

從高爾基的感動淚水中，我們也看見了一顆容易感動的心，如此易感的心，其實也十分容易觸動他身邊的人。

因爲，人們會忍不住跟著他的腳步，一同欣賞或感受身邊的人事物，並且會不自覺地和他一般，只要事物輕輕觸動，便會跟著墜入易感的漩渦中。

心意眞誠的人很容易被周遭的細微事物感動，因爲他們心中懷抱著善良，對生命也充滿了關愛之情。

對他們來說，萬物自然是一切的根本，他們習慣以寬闊的胸襟來付出關懷。就像高爾基觸碰到司機手上的厚繭一般，心思細膩的他，再一次地觀察到細微的生命付出，並讓淚水傳達出他的領悟：「別小看這個粗糙的手繭，就是這個手繭，我們才能有今

日的發達與便捷！」

從煙火到小狗救主的畫面，再到火車司機手上的繭，我們看見了高爾基的觀察入微，更敬佩他對人的關心、體貼與尊重，這些也是你我在人際交流時最爲重要的事。

因爲，待人接物時眞情以對，所以高爾基的淚水總是能觸動每一個人，然後我們也領悟了故事中的旨意：「待人真誠，我們才能享受如此動人的畫面，因為溫厚的心意，我們才能嚐到生命中的幸福感受！」

人生只需一個全力以赴的目標

人生難免會有許多慾望和期望，只要我們能冷靜堅持，無論多大的阻礙，生活始終都會有出口。

從許多科學家或音樂大師的故事中，我們不難發現，讓他們經常廢寢忘食的目標只有一個，那就是他們在獨一無二的工作或自己喜歡的事務上，一再地堅持：「好，還要更好！」

不求物質享受，專心致志就是成功的不二法門。

陳景潤是位著名的數學家，終日埋首於數學世界裡，幾乎廢寢忘食。他不與人交往，就連與家人之間的見面時間，竟然也有安排，像是與妻子的見面每天僅有二十分鐘，與兒子相處的時間則是一星期六十分鐘，其他關於食衣住行或家務分工或開支等事，他一概不過問。

然而，有一天，他卻心血來潮，突然對妻子說：「我幫妳買菜。」說著，便拿起了妻子手上的菜籃子，走下樓去，往附近的菜市場前進。

但是，當他來到市場後，只在攤販前轉了轉，最終卻又什麼也沒有買，因爲他的心在轉了幾轉後，又飛回到他的書房與數學程式中了。

沒想到就在他轉向準備回家時，突然忘了來時路了。

他在大街上轉了又轉，竟怎麼也找不到距離菜市場只有幾十公尺路程的家門。於是，他不得不開口問人。

然而，就在他準備開口請問時，竟連門牌號碼也想不起來了，接著竟見他逢人便問：「請問，我的家在哪兒？」

路人聽見他這麼問，都以爲他腦袋有問題，紛紛躲開了他。

這時，陳景潤又想：「咦？那我的家又是誰的家呢？」

數學研究慣性的反證思考，讓陳景潤聯想到了另一種發問的方式，只見他問道：「請問，陳景潤家在哪裡？」

這時，正巧有個友人走了過來，一看見朋友竟然這麼問話，不禁笑著說：「你不就是陳景潤嗎？」

於是，這個認識陳景潤也了解陳景潤，但陳景潤對他一無所知的人，像帶著小孩似地，小心翼翼地將陳景潤安全地帶回家。

等了半天，卻不見丈夫歸來的陳妻，了解丈夫的情況後，從此再也不敢讓丈夫獨自下樓了。

從那一天起，陳景潤更深埋於他的數學王國中。有人說，他很幸運，若不是他學有專長，成就非凡，怎麼可能得到這麼多人的照顧，又如何能在複雜的社會中獨力生存？

不過，有人則反駁，鑽研於數學中的陳景潤，若不是思想單純，滿腦子除了數學還是數學外，又怎麼能幾十年如一日地在數字上鑽研，進而得到世所矚目的「哥德巴赫猜想」，即後來人們統稱的「陳氏定理」。

生活中難免會有許多繁瑣的事，人生也難免會有許多慾望和期望，但是在這麼多的生活需求中，有多少人能讓每一項都圓滿

達成呢？

故事中的重點並不要顛覆生活常識的認知，而是要提醒我們：「我的人生目標到底在哪裡？」

想有一番成就，從大數學家的突發狀況中，我們應當另有深省，深省自己目前所投注的工作或夢想，是否也像陳景潤般全心全力，廢寢忘食？

看著忽然迷路的陳景潤，再看見他靠著專業能力而找到人生的出路，我們不也得到了另一種證明，證明只要我們能冷靜堅持，無論多大的阻礙，生活始終都會有出口。

10.
PART

不要用破壞的方式追求滿足

不必禪悟佛說，

每個人都懂得什麼是犧牲的真諦，

只要我們知道什麼叫做愛，

知道該怎麼表現心中的無私大愛。

不違法理，堅持自己的原則

待人處世要能站穩腳跟，凡事更要謹守既定的法理原則，才不會落人口實，也才能坦蕩前進，贏得更多的支持。

不要用情感來做決定，「法理情」才是解決問題的最方法，只要能站穩法理的基本規則，人性情感自然能得到呵護、關照。

因爲，在關鍵時候還能堅持原則的人，多數能捉住問題的核心，並能迅速將問題解決，這不僅是判斷一個人處事能力的重要依據，更是發現其道德水準的重要根據。

美國前總統喬治．布希是個謹守原則的人，只要他堅持一就是一，沒有任何商量的餘地。

一九八一年，當時身爲副總統的布希正準備飛往外地。

然而，就在出發不久後，他突然接到國務卿海格從華盛頓打來的電話：「出事了，請你儘快返回華盛頓。」

緊接著又過了幾分鐘，傳來一封密電，竟是雷根總統中彈的消息，同時也通知他，總統正在華盛頓大學醫院的手術室裡急救。

飛機調頭飛往華盛頓，當飛機在安德魯斯著陸前四十五分鐘，機上的副官約翰．馬西尼中校來到前艙，準備降落。

就在飛機緩緩下滑時，中校突然對副總統說：「如果我們按

照常規，在安德魯斯降落後得再換乘海軍陸戰隊的直升機，然後再飛到副總統住所附近的停機坪，接著才能駕車前往白宮。這恐怕要浪費許多時間，不如我們直接飛往白宮，您認爲如何？」

布希聽完中校的報告與建議，考慮了一下，仍堅持按照常規行事。

中校聽見副總統仍然要依照原來行程，忍不住又提醒：「但我們到達時，市區正值交通高峰期，街道上的交通肯定會很擁擠，那恐怕會多耽誤十到十五分鐘的時間。」

沒想到，了解情況後的布希，仍然堅持著：「也許會這樣，但我們仍然必須堅守規則。」

馬西尼中校點了點頭說：「是的，先生。」

布希發現馬西尼中校似乎困惑不解，於是他解釋說：「約翰中校，只有總統才能在白宮的南草坪上著陸啊！」

原來，身爲副手的布希堅持著這麼一條原則：「美國只有一個總統，而副總統不是總統。」

中校也聽明白了，原來布希堅持的，是總統與副總統之間的互信基礎與相互尊重的禮儀，這也正是布希成功的重要原因。

堅持不等於固執，「堅持原則」最重要的意義，就像布希副總統所表現出來的：「絕不踰越法理常規，更不能為了打破常規而找尋藉口，凡事都要合乎法理，即使情況再特殊，我們都應謹守自己的本份。」

看著布希副總統的堅持，相信有許多人看了都不禁要感到慚愧吧！

反省自己，一件件爲了飽足私利的投機取巧，反省我們，曾

經爲了鑽漏洞所推出的藉口，然後我們也發現了，因爲腳跟始終沒有站實，而讓自己一次又一次地挫敗的事實，從中我們也再次領悟了「凡事要問心無愧謹守本分」的重要性。

從故事中，我們再次想起了長輩們所耳提面命的：「待人處世要能站穩腳跟，凡事更要謹守既定的法理原則，如此一來，我們才不會落人口實，也才能坦蕩前進，贏得更多的支持。」

真誠的謝意就是最好的回報

懂得什麼才叫無價的人，必定能看見隱藏的誠摯心意，從中享受到生活上真正的快樂與滿足。

無論是得到別人的幫助，還是我們伸手助人，在互助的交往過程中所激起的火花，究竟是暗淡無光，還是燦亮無比，全看我們用什麼樣的角度看待，又用什麼樣的心態去行動啊！

有位樂善好施的醫生，今年來到了一個極其偏遠的村落行醫。

在這個多數是貧苦人家的小村莊，醫生努力地幫深受病痛之苦的村民醫治，而且分毫未取。

其中，有位感恩圖報的村民，為了感謝醫生的善行，花了三天時間的路程，將一捆柴挑到城裡，送給這位善良的醫師。

他激動地對醫生說：「先生，謝謝您救了我的親人，這些柴大約有一個月的量，不夠時我會再送來，謝謝您！」

醫生看見地上的大捆柴，笑著說：「好，謝謝你，不過，你以後別再送任何東西來了，因為很多東西我是用不到的！」

村民告辭之後，有個同事忍不住笑著說：「那傢伙真是個鄉巴佬，我們城裡哪用得著這些東西，真是白費工了。」

醫生正感動地看著那一大捆乾柴時，竟聽見友人如此嘲諷，搖了搖頭，說：「他沒有白費！」

醫生說：「這是我行醫的生涯中，收到最珍貴的禮物！」

醫生泛著淚光，再對友人說：「捆在柴裡的誠意是無價的，那將是我人生中第一筆新添的無價財富。」

生活中最珍貴的東西，從來都不是金錢或物質，因爲這些可以評估辨識的物件，無論價格多高，始終都會有個定數，這些東西與故事中醫生所收到的「感謝心意」是無法比擬的。

在一報還一報的人際規則裡，不應該抱著「還完了事」的態度，而是要有眞情待人的感恩心。

畢竟，當人們也以一種「還完了事」的態度時，我們不僅感受不到對方感謝的誠意，更會因爲人們用金錢或物質的回報，讓原本蘊涵在交流過程中的情感，慢慢地逝去。

所謂「千里送鵝毛，禮輕情義重」，一捆柴看起來也許寒酸微薄，然而就像故事中的醫生，懂得什麼才叫無價的人，必定能看見隱藏於木柴裡的誠摯心意，從中享受到生活上眞正的快樂與滿足。

不要用破壞的方式追求滿足

不必禪悟佛說，每個人都懂得什麼是犧牲的真諦，只要我們知道什麼叫做愛，知道該怎麼表現心中的無私大愛。

也許因爲人類太過聰明了，以致於經常用破壞的方式來滿足自己，更忘了與我們身邊息息相關的一切和平共處。

當臭氧層越破越大，當地球溫室效應越來越劇，當人們越來越無法適應環境時，我們是否應該認眞思考，放下心頭沈重的慾念，從自然定律中，重建我們的生活態度呢？

「象腳花瓶」出自於一個世界著名的獵人之手。

那年，這個獵人來到象群們必經的原野上狩獵，當時他看見了一對母子象，正在原野上漫步步。

他鎖定了母象，先是開了一槍，沒想到竟沒有射中，反而驚動了象群，只見這對母象和小象，忽然慌張地奔逃起來。

但就在這個時候，獵人發現母象的速度變慢了，於是他再次瞄準目標，又補了一槍。

就在母象倒下之前，獵人這才發現，原來母象之所以速度變慢的原因，竟是爲了小象，因爲牠的孩子還小跑不快，而先前的吼叫聲，似乎是催促著：「孩子，快跑啊！我的孩子，你不要管

我，快跑，不要停下來，快……」

不久，獵人還看見了更令人動容的一幕。

小象發現母親中彈了，著急地跑回到母親身邊，沒想到就在這個時候，母象實在支持不住了，「轟」地一聲倒下，壓倒正巧奔回母親身邊的小象。

「嘶……」只聽母象與小象同時嘶叫了一聲，像似相互安慰的聲音。

那像是母象安慰著小象：「孩子，媽媽會保護你的！」

更像是小象安慰著母象：「媽媽，我來陪伴妳了！」

塵土揚起，大小象同時倒下、死去，獵人看著這份情深義重的親情畫面，忍不住低下了頭，因爲他深感無顏面對。

獵人將這對大小象帶了回去，小心翼翼地將母象製成美麗標本，且栩栩如生有如生命重現。

至於小象，因爲在母親的重壓下，幾乎面目全非，只剩小象腳是完整的，於是獵人小心翼翼地將象腳保留，並將它製作成美麗的「象腳花瓶」。

從此，獵人再也不打獵了，據說在他死後，家人幾乎將他的收藏全部販售，唯獨這只「象腳花瓶」被留了下來。

因爲，他在遺囑中特別指定：「這只象腳花瓶是無價的之寶，我要你們捐給博物館，並且讓世人們明白這只象腳花瓶中深蘊的涵義。」

其實，不必禪悟佛說，每個人都懂得什麼是犧牲的眞諦，只要我們知道什麼叫做愛，一如故事中的大象與小象，因爲親情的緣故，牠們知道該怎麼表現心中的無私大愛。

從母象的呵護中，我們看見了小象的關愛回眸，也領悟出必然存在於萬物情感裡的自然親情，一如人們常說的「養育」與「反哺」的自然關係。

母象倒下的那一幕，不僅震撼了讀者的心，更激起了獵人的惻隱之心，從中我們也看見了他對生命的深省：「生命是無價的，動物不應是人類的寵物或獵物，牠們和人類一樣皆屬天地萬物的一份子，牠們和人類一同站立在同等的生命起源與地位，疼惜牠們，也等於珍惜我們自己！」

善意的謊言也能成就幸福

為了讓生活更加祥和且溫馨，在適當的時候編織些美麗謊言，不僅能促進社會和諧，更能讓每一個人品嚐到幸福的滋味。

美麗的謊言大致可以分爲兩種，一種是別有居心的蓄意欺瞞，一種是本意善良的暫時隱瞞。

至於人們經常運用的是哪一項，我們最佳辨別的方式，就是仔細聆聽發言者的言詞，是否充滿了對社會、對你我的眞心關懷。

有個極爲孝順的男子，聽見他雙目失明的母親說：「如果可以的話，我實在很想看一眼你們說的花花世界。」

男子聽見母親這麼說，決心要讓母親的雙眼復明。

從此，男子上山下海，遍尋衆人公認的名醫。幾年下來，他背著母親，訪遍了各地名醫，更造訪過各個傳說中懂得秘方的江湖密醫，甚至連鬼神巫術等方法都嘗試過。

但是，無論他怎麼努力，母親的雙眼仍然一片黑暗。

不過，這個孝子一點也不氣餒，當他聽說，遠方的一座雪山山巔有個天池，具有神奇的功效，心想或許那正是可以讓瞎眼復明的聖水。

於是，男子背起了母親，往他們希望的目標前進。

也不知道走了多久，他們歷經了千辛萬苦，終於來到了雪山的山峰。

然而，就在他們即將來到天池邊時，男子忽然倒了下來。只見他氣息奄奄地趴在地上，努力地想再將母親背起，繼續前進。

忽然，他模糊地聽見母親激動地呼叫著：「我看見了，這山好高啊！你看，那天池好美啊！水是那樣的清澈，孩子，你看見了嗎？」

男子聽見母親這麼呼喊著，激動地掉下了淚，用力地支持起身子，看了母親一眼，接著便倒下了。

男子安心地閉上了雙眼，因爲那一瞬間，他看見了母親的笑容，他最終帶著滿臉的幸福與感動，永遠地睡去。

與此同時，母親輕輕地撫著兒子的頭，淚水緩緩地滑下。

在一片黑暗中，老母親伏在兒子的身上，靜靜地闔上了雙眼。

也許，有人認爲那只是個善意的謊言，但換個角度看，能夠成全一個幸福的結果，謊言其實也算是眞話了。

因爲，背負在男子身上的母親，已感受到兒子的愛與疼惜，在黑暗中，用心看見了瑰麗的風景。

看著故事中的主角雙雙闔眼，沒有傷感的情緒，只有令人會心微笑的幸福感，這也是在激烈競爭的工商社會裡最缺乏的精神——處處爲對方著想的體諒與關心。

其實，只要出發點善良，只要是爲了讓生活更加祥和且溫馨，在適當的時候編織些美麗謊言，不僅能促進社會和諧，更能讓每一個人品嚐到幸福的滋味，那不是很好嗎？

不要輕易地發表自己的見解

只要有可能觸及個人私利，我們就要小心說話，目的不只是為了保護自己，更是為了避免無謂的爭端。

從歷史故事中，我們不難發現一句話便輕易引來烽火戰事的情況，所以當我們在發表個人意見時，要多加思索，不要誤用了一時的情緒字眼，而導致不該發生的仇視與對立。

溫文儒雅的馬丁．范布倫是美國第八任總統，自年輕時期開始，便已展現出卓越的機智與吸引力。

不過，在政治活動中，他很少表達自己的意見，無論大家討論得多麼熱烈，他都只是聆聽別人的意見，不發表自己的見解，因爲他認爲：「保留個人意見，更能聽見人們話裡的眞假。」

在公衆場合中，他儘量避開像傑克遜那樣直接，更不會像約翰．亞當斯那般思想頑固，對於他這樣「八面玲瓏」的身段，有人便嘲諷他施展是只知含糊其詞的「范布倫式的政治」。

對於人們的批評聲浪，與馬丁．范布倫極爲熟識的朋友曾這樣說：「即使身爲他最好的朋友，也不免要爲他過度謹愼小心的態度而擔心，因爲，那會讓人們誤解，以爲他缺乏政治人物應有的道德與勇氣，或質疑他無力應付各種緊急情況。」

當年，范布倫還是位參議員時，就曾在關稅問題上做出令人迷惑不解的表現。那天，他先闡述了對一般關稅的看法，最後卻讓人摸不著頭緒地宣佈：「我將支持任何適度、明智，且有益於促進國內生產的關稅法令。」

這時，有人不解地問范・布倫的朋友諾爾：「諾爾先生，他的這番話立著點在哪邊啊？」

沒想到諾爾也搖了搖頭，答道：「我也在思考這個問題。」

後來，范布倫在白宮接見客人時，也是賓客之一的亨利克萊對他說：「能有這麼多朋友齊聚，您一定很愉快吧！」

可是，范布倫總統卻回答：「嗯，天氣眞好。」

還有一次，有個參議員與人打賭，說他能誘使范布倫說出「肯定」的話語。只見他走到范布倫面前說：「據傳太陽是從東方升起，你認爲呢？」

誰知，范布倫卻回答：「嗯，我知道這是大家一致公認的情況，但是，我從未在黎明前起床。」

逢人只說三分，那不是因爲過分疑心，而是聰明人知道「言多必失，禍從口出」的道理，特別是像范布倫一般的從政人物，「謹言愼行」四個字對他們來說，是再重要不過的事。

其實，不是只有在政治環境要小心發言，在這個多元社會的中，不論我們身處在什麼樣的工作環境或人際關係中，只要有可能觸及個人私利，就要小心說話，目的不只是爲了保護自己，更是爲了避免無謂的爭端，爲了維護大多數人的生活利益。

我們都曾經有過言多必失的情況，所以看著范布倫的小心翼翼，聰明的你想必更加明白「說好話不如行好事」的處事道理吧！

生命力隨時都能重現

不論阻礙多麼巨大，也不管環境多麼惡劣，只要不放棄，我們必定能發現生機，一定能踏上希望的明天。

無論生活多麼平順，每個人都一定會遇到挫折。

在這些大小不一的困難中，只要我們不放棄，生命力量會隨時展現，支持著我們等待良機，並盡力協助我們克服萬難，好讓生命之光重現。

當你的生命陷落時，千萬不要讓低迷的心情影響你的決定，而要試著改變看待事物的角度。

那年，爲了重整倫敦的市容，並開闢新的街道以利市景，倫敦開始提出計劃，也準備拆除許多老舊的房屋。

然而，日子一天又過了一天，新道路不僅遲遲沒有動工，已收購的舊樓房更是像廢墟般閒置在原地，經過長時間的風吹雨淋，這個角落像是被遺忘似地，早已失去了生氣，連住在附近的人們，也寧可繞道而行，不願再踏進這塊廢棄的土地。

直到有一天，有一群生物學家來到了這裡。

他們發現，這片多年荒廢的地區，竟然已發展出一個自然天地，滿地的野花與野草正生氣盎然地搖曳著。

更令人驚訝的是，在這堆花草中，有許多花草竟是他們在英國從未見過的種類，那些通常只生長在地中海沿岸的花草，如今竟在倫敦的一角滋生。

於是，生物學家們開始研究，這些花草爲什麼能出現在這裡；很快地，他們找到答案了，一切竟緣於這些已經倒塌的樓房。

原來，這些樓房大都是古代古羅馬人沿著泰晤士河攻進後建造的，那些花草種籽也在當時同時引進。

只是，它們長久被壓在沉重的石磚底下，無緣接受日光雨露的照料，因而阻礙了生長空間。直到房舍倒塌後，部份磚瓦也被搬移，深埋在房屋底下的種籽，終於重見天日，並展開了它們堅韌的生命力。

看著從瓦礫堆中積極重生的小花，我們也看見了生命的無限可能。人類不也應該如此？要怎麼樣從挫折中發現讓自己出頭伸展的縫隙，始終都得靠我們自己去找尋啊！

靜心地閱讀著這篇短文，我們發現，陽光、空氣、水竟不是種籽最重要的生長助力，最重要的滋養力量乃源於它們自己，這也說明了，無論生命本身多麼脆弱，萬物始終都存有著絕對的生命韌性。

從中我們也領悟到，不論阻礙多麼巨大，也不管環境多麼惡劣，只要不放棄，我們必定能發現生機，只要能像故事中的小花小草堅強等待，我們都一定能踏上希望的明天。

母愛是最珍貴的自然天性

對於至親們的關愛與用心呵護，自己是否曾將之視為「理所當然」，是否曾時刻提醒自己要知道反哺？

母愛的可貴在於母親無怨無悔地犧牲，只問付出不求回報。

你有多久沒有聆聽父母的殷殷垂詢了呢？又有多久沒有看見父母溫暖的微笑臉龐了呢？

請不要以生活壓力當藉口，忽略這些聆聽與探視的小動作。因爲，懂得積極行動的人，都一定是最幸福的人，他們知道，世上最珍貴美麗的情感，叫作「親情」；而你我最應該珍惜不放的愛，叫作「母愛」。

有位鄉下女人嫁給了一位老實的農夫，原本就居住在偏僻農村的她，如今卻來到了更加偏遠的小山村。

她來到這個閉塞的村落後，日子過得更加困苦也更不自由，情緒在這個封閉的環境中壓縮，她變得越來越鑽牛角尖，脾氣也越來越差了。

幾乎每天都對丈惡言相向的她，怎麼也沒想到，丈夫在兒子出世後沒幾年便去世了，而她自然也背負起養育兒子的責任。面對仍嗷嗷待哺的孩子，婦人爲了撐起這個家，看起來相當辛苦。

村裡的人們看見她這麼命苦，都非常同情，有人更建議她：「妳不如改嫁吧！不然妳怎麼養得活兒子呢？以後妳還不見得能靠他養老送終啊！還是快找個人嫁了吧！」

婦人聽完鄰居的勸說，只搖了搖頭，什麼話也沒說便回到屋裡去了。

婦人始終都不肯再嫁，努力地將兒子拉拔長大，到了他能自己走路時，母子倆便搬到一個小鎮上。

孩子長得很快，看著兒子長高長大，而且聰明好學，爲了孩子的未來，婦人決定搬到大城市，讓孩子有更多的學習機會。

省吃儉用的她，努力地讓孩子讀到中學，又讓他上大學，而爭氣的男孩在學業有成後，決定要出國留學。

婦人聽了兒子的抱負後，也點頭支持，儘管她心中有著不捨，然而她只將情感放在心中，接著便四處籌錢，好讓兒子能實現夢想。

這個目不識丁的婦人，不懂得什麼叫環境造人的道理，她只有「一切都爲了兒子好」的母愛天性。

這段故事，是著名的翻譯家傅雷在自傳裡述說的，一個關於母親給他的愛與支持的眞實人生故事。

看著故事裡傅雷母親的奮鬥過程，雖然我們同時也看見了她情緒上的反應，但是當她盡力地發揮母愛天性之後，那些一時的情緒抒發，自然顯得微不足爲道了。

如果你曾經觀察過母雞孵蛋的情況，你就會發現，牠們竟能不被農場主人的餵食吆喝聲所誘，讓人驚訝於母雞爲了孵育下一代的毅力。

當我們回想起曾經聽聞的母愛故事，從那些為了子女而犧牲的母親身上，我們再次地證明了：「自然天性中最為珍貴的寶藏，正是母愛！」

從遠古的孟母三遷故事，到今日被喻為「現代孝子」的父母們，身為子女的我們，是否更應當時刻反省，對於至親們的關愛與用心呵護，自己是否曾將之視為「理所當然」，是否曾時刻提醒自己要知道反哺？

行動後自然能找到方向

沒有行動就沒有方向可言，無論我們腦海中的座標如何清晰，沒有實際向前划行的動作，終將被浪潮沖往更遠的孤島。

狄摩西尼曾說：「沒有做法的想法，只是廉價和空洞的想法。」

不論你有多麼了不起的想法，如果缺乏實際的做法努力將它實現，那麼這種「想法」，充其量只是毫無任何價值的空想。

別讓完整的未來計劃空轉，你看，每個人一開始的目標不是都一樣嗎？但爲什麼最後的結果會有如此大的差異呢？

那是因爲，當開始「行動」的人積極前行，只流於「空想」的人仍然在原地踏步，結果當然會出現極大的差異了。

這天，一群漁民們一如往常地將漁網撒下，然後靜靜地等待豐收時刻。

過了一會兒，他們用力地拉起了漁網，沒想到一隻魚也沒有捕到，只捕到了一只玻璃瓶子。

有位漁民氣憤地說：「又是垃圾，現在的人怎麼這麼沒有公德心！」

只見另一位漁夫彎下了腰，仔細地看了瓶子，忽然對其他人

說：「咦？瓶子裡似乎有東西！」

於是，他拿起了瓶子，並將瓶子裡的「紙張」拿了出來。

他打開了紙張，接著一字一字地唸給大家聽：「有誰來救救我啊！我困在這裡，大浪將我沖到了一個無人島上，我現在站在岸邊，等著人們來救救我，請你們看見這張紙後，快來救我啊！我在這裡！」

有位漁夫聽完後說：「上面沒有日期，現在去救他，大概來不及了吧！我認爲這個瓶子可能在海上漂流了夠久了。」

另一個漁夫也說：「是啊，地點沒標明，我們怎麼知道哪個海洋啊！」

而讀求救信的這位漁夫則說：「我想，應該不會太遲，也不會很遠，因爲海洋上到處都有名叫『這裡』的小島啊！我們快點想一想。」

幾個漁夫仔細地望著大海，認眞地想了又想，但是他們怎麼也想不出來，無人島到底在何方。

從漁夫們的冷漠態度中，我們很快地便被導向現代社會來深思，因爲關於人與人之間的冷漠，不也經常發生在你我的身上？

看著漁民們一人一句，竟然不是在討論怎麼展開救人的行動，而是推拖「不知道」小島的方向，甚至最終因爲「想不出」該從哪個方向前進，而放棄了救援行動，於是，我們也看見人們「事不關己」的冷漠慣性。

到底小島的方向在哪裡？到底我們應該用什麼樣的方法或姿態伸出援手？再者，意外發生時，在我們心中所盤繞著的，到底是什麼樣的態度呢？

就像故事中的漁夫們，他們一定知道海洋上有哪些無人島，只是他們想不想行動罷了，就像我們遇見「與我無關」的意外時，多數人都抱著「別多管閒事」的態度，因爲現實社會中，多數人凡事都從「自己」出發，讓現代人越來越發冷漠自私。

小島的方向眞的找不到嗎？

其實答案是否肯定，在每個人的心中早已有譜，只是深入故事中的旨意，即使答案已經決定，我們不妨再次深省，從「光說不做」中找出的答案，眞的會得到最正確與最好的結果嗎？

沒有行動就沒有方向可言，無論我們腦海中的座標如何清晰，沒有實際向前划行的動作，終將被浪潮沖往更遠的孤島。

不要被過多的期望牽絆

簡單果決地掌握住自己的需要，

並確實地將精神集中在一個目標上，

然後我們才能慢慢地讓心中

每一個夢想都達到高峰。

機會總出現在最容易被忽略的角落

生活不是由一件又一件的大事所組成，由一件件看似微不足道的小事慢慢堆築而成，看似繁瑣其實條理分明。

我們經常忽略生活中許多細微且瑣碎的事，正因為我們的輕忽，而讓隱身於細瑣雜事中的機會，一次又一次地與我們擦身而過。

其實，每個人擁有的絕佳機會並不多，因此我們經常得藉由那些無關緊要的小橋，一步步地通往成功的彼岸。

別再輕易地略過身邊的微小事物，因為在那之中，有許多都是我們嫁接成功的重要枝幹。

小蘭是一所大學裡的校花，追求她的人接踵而至，多到難以計數。因她為經常出現在圖書館，因此，有越來越多的男同學固守在圖書館內，等待她的芳蹤。

夏日的一個午後，小蘭正端坐在閱覽室裡安靜看書。

忽然一個驚雷聲響，小蘭心想：「糟了，快下雨了！」

沒有帶雨具的她，擔心再晚一點，雨勢恐怕會變大，便無法回家了，於是急急忙忙收拾好書籍，奔跑到門口。

就在她來到圖書館門口時，一陣雷鳴再又響起，緊接著雨開

始落下，而且在她踏出門口前，雨勢忽然變大了起來。

這突如其來的大雨，讓所有學生全都困在門口，動彈不得。

忽然有個人衝進了雨中，在一群人的驚嘆聲中，這個身影竟又渾身溼透地折了回來，而在他懷中多抱了一件雨衣。男孩抖著身子，逕自走向小蘭的面前，並爲將雨衣披上她的肩。

幾年之後，小蘭決定嫁給了這個傻小子，人們看著平凡相貌且背景清寒的男子，都忍不住嘆息著：「她怎麼選擇了他呢？」

小蘭聽見人們的質疑時，微笑地說：「試想，一個肯爲我淋雨，並爲我尋找雨衣來保護我的人，一定懂得愛我，就這一點便值得我託付終生了。」

當小蘭說出這段話後，不少仍癡心愛慕她的男子，無不頓足，他們很懊悔當年怎麼沒有料想到這一點，而輕易地錯失了佳人。

看著故事中捶胸頓足的懊悔者，看著緊握機會而成功擁抱佳人歸的男子，我們再次從小事例中證明，機會總是出現在別人最容易忽略的時候，成功者也總是在人們意料之外嶄露頭角。

進入我們急於成就的未來與理想，我們也赫然發現，許多成功者不正是抓緊了你我沒有發現的暗處機會，也在我們對其表現仍抱著嗤之以鼻的態度時，紮紮實實地綻放成功光芒？

生活不是由一件又一件的大事所組成，人生也不是在一個又一個的大浪中高漲，我們的過去與未來，是由一件件看似微不足道的小事慢慢堆築而成，看似繁瑣其實條理分明。

何不學學故事中擄獲佳人心的男子，學會辨識躲在角落的機會，並用心地經營每一個平淡無奇的絕佳契機。

不要被過多的期望牽絆

簡單果決地掌握住自己的需要，並確實地將精神集中在一個目標上，然後我們才能慢慢地讓心中每一個夢想都達到高峰。

莎士比亞曾經寫道：「想要成功，就必須在對的時機做對的事。」

所謂「做對的事」，其實就是採取明智的行動。

有人說，人生就是種種選擇的結果。凡事有得必有失，很多時候，你必須懂得取捨，做出最好最正確的選擇。

希望能成就大事的人，不能太過隨心所欲，對於過多的慾望我們不僅要克制，更要懂得果斷割捨。

如此一來，我們才能眞正地主宰自己的心靈，也才能明確地看見並掌握自己的未來方向。

有個好勝心極強的年輕人，爲了成爲最有學問的專家，也爲了能超越身邊的同儕，因而相當努力。

非常勤奮的他，各方面的表現都非常出衆，唯獨學業成績始終都不見突破，爲此苦惱不已的他，在朋友介紹下，決定去向一位大學問家求救。

當大師聽完年輕人的苦惱後，說道：「你和我一塊兒去登山

吧！當你到達山頂後，就知道該怎麼做了！」

走在山林間，年輕人發現沿途有許多晶瑩剔透的小石子，十分美麗。大師見他喜愛，便對他說道：「孩子，喜歡的話就撿起來吧！」

只見年輕人撿起了石頭，放進他身後的袋子裡。由於他一路地撿拾，幾乎每顆石頭都想佔有，很快地，背包越來越沉重。

年輕人忍不住發牢騷說：「大師，我實在走不動了，因爲我的背包越來越重，再這樣下去，別說是山頂，我恐怕連半山腰都到不了啊！」

大師笑著看著他，淡淡地說：「嗯，這樣的確辛苦，那該怎麼辦呢？」

年輕人想了想，喃喃地說：「要放下嗎？」

大師看著年輕人不捨地望著背包裡的石頭，又問：「爲何不放下呢？背著石頭怎麼登山呢？」

年輕人聽見大師這麼問著，心中忽然一亮，抬起頭，認眞地看了大師一眼，接著他行了一個大禮，並向大師說：「謝謝，我明白了！」

然後，年輕人放下了背包，轉身往山下走去。

從此，年輕人不再心有旁騖，一心只專注於「學問」的方向上，當然他自許成爲「學問淵博」的學者目標，很快地就達成了。

歌德曾經這麼說：「遊戲人生的人必定一事無成，無法主宰自己的人，永遠只能當個奴隸。」

人們之所以經常失敗，其中最重要的原因是：「不懂得掌握自己，以及無法果斷地下決定有關。」

看著故事中的年輕人，我們不妨也反省自己，是不是經常在做決定時三心兩意，或是在往前奔跑時，貪心地選定了許多夢想目標，並且充滿龐大的慾望，企圖全部達成呢？

每個人的能力都是有限的，當年輕人將美麗的小石子一顆又一顆地塞入背包時，我們也預見了他將被過多負載拖累的景象。

學會部份捨棄，然後我們才能完整得到，這是人生的禪思，也是生活的常識。簡單果決地掌握住自己的需要，並確實地將精神集中在一個目標上，然後我們才能慢慢地讓心中每一個夢想都達到高峰。

對生命負責的人對生活必有堅持

堅持負責的態度，最終我們都將收到甜美的結果，只要多一份認真執著，最終我們都獲得完美人生的肯定與支持。

你還在汲汲營營於物質層次的報酬，讓自己的心靈滿是負擔嗎？記住科學家愛因斯坦說過的話：「有不少人不追求那些物質的東西，他們追求理想和真理，從而得到內心的自由和安寧。」

改變生活態度，便能改變一個人的命運。

在人生的道路上，每個人都很努力地打造著成功的鐵鍊，問題是，因爲每個人面對生命的態度不同，所以也因爲每個人承受艱難的耐力不同，最終打造出來的成功之鍊，究竟是條易碎的玻璃鍊，還是堅實耐操的鐵鍊，就有待時間的考驗了。

有個老鐵匠打造的鐵鍊相當牢固，雖然他自製的產品十分精良，然而個性木訥的他，卻因爲不善言詞，以致於鐵鍊的銷售量一直都很差，收入勉強足夠餬口而已。

有人曾建議他偷工減料：「老鐵匠，你用的材料那樣紮實，售價又那麼便宜，根本不敷成本啦！」

老鐵匠聽見人們這麼好心建議，一點也不以爲意，只是笑笑地回答說：「沒有關係啦！」

老鐵匠沒管那麼多，仍然堅持將鐵鍊打得結結實實地。

有一次，船商請他打了一條輪船用的巨鍊，好讓他們裝在新造好的海輪上，做爲這艘船的主錨鍊。

有天晚上，颶風來襲，海上風暴驟起，風急浪高，輪船在大浪裡載浮載沉，隨時都有可能撞上礁石，船長見情況危急，爲了安穩船身，於是立即將船上所有的錨鍊全部放下。

但是，沒想到其中有許多鐵鍊就像紙做的一樣，一點用處也沒有，當大浪用力地甩動了幾下，那些鐵鍊竟幾乎全都被甩斷了。

忽然，船長想起了老鐵匠精心打造的鐵鍊，於是立即命令水手們趕緊將主錨鍊拋下海去。

一夜過去了，船上一千多名乘客與各種貨物，總算安全部安然地渡過了這場風暴，而護守他們渡過這個難關的，正是那唯一的一條鐵鍊，那個由老鐵匠親手打造的堅如磐石的鐵鍊。

靠著這只巨手般的鐵鍊，他們熬過了一夜的風浪，等到了黎明，當朝陽初升時，全船的人都忍不住熱淚盈眶，歡騰不已……

看著鐵匠對於鐵鍊品質的堅持，我們也看見了一個人對於自己生命的認眞態度，與對小我乃至於大我的責任堅持。

反觀，分別扮演著不角色的你我，對於社會責任的認知，與個人利益需求時的取捨態度，有多少人能像故事中的老鐵匠一般，自始至終都有著堅強的執著，有著對於人生負責的堅持呢？

不要因爲慾念而敷衍了事，因爲堅持負責的態度，不論未來怎麼發展，最終我們都將收到甜美的結果，只要多一份認眞執著，最終我們都獲得完美人生的肯定與支持。

每個人都只有一個今天

只要我們能把握住「當下」，那麼我們便已同時掌握住了昨日、今天與明天。

我們不必爲錯過的太陽而哭泣，因爲已逝的過去肯定無法挽回，我們只需牢牢把握住現在。

雖然此刻已是夕陽西落，但別忘了明天朝陽，很快地便會重升，只要我們能緊緊地握住此刻，即使夕陽已落，那落日的餘暉仍然會長存心中。

有位哲學家在造訪古羅馬城時，在一座廢墟裡發現了一尊雙面神。

然而，這位被喻爲學貫古今的哲學家，面對著這尊神像，卻怎麼想也想不起來，祂具有什麼樣的代表性或特殊性。

於是，他忍不住上前，向這個怪異的雙面神請教：「請問神明，您爲什麼一顆頭會有兩個面孔呢？」

只見雙面神正對著哲學家的這面說道：「這樣才能一面查看過去，以記取教訓，同時也一面瞻望未來，給人無限憧憬。」

哲學家聽完後，卻不解地問：「爲什麼只看過去和未來呢？你爲何不注視最有意義的現在？」

雙面神一聽，兩面皆茫然地叨唸著：「現在？」

哲學家發現雙面神似乎不解，於是他解釋道：「就是現在！其實，過去是現在的逝去，而未來則是現在的延續，你既然無視於現在，那麼你對過去瞭若指掌，對未來也能洞察先機，又有什麼意義呢？」

雙面神聽完哲學家的說明，竟忽然號啕大哭了起來，哽咽地說：「原來，原來是我沒有把握住現在，以致於羅馬城才會被敵人攻陷啊！因爲我錯誤的態度，讓人們再也不相信我，而將我獨自丟棄在這個廢墟中啊！」

雙面神爲了能查看著昨日，刻意增添了另一個觀望昨日的面孔，也爲了能滿足人們預知的慾望，以便及早發現明天將會發生的事，而讓另一面只專注於明天。

直到哲學家當頭棒喝地提醒祂：「那，當下呢？」祂這才醒悟過來。

那你的「當下」呢？

你是否也像雙面神一般，浪費了許多時間在懊悔昨日之非，更浪費了過多的「此刻」尋找明天的預言呢？

「活在當下」的意義，其實不只有今天而已，所謂的「當下」其實包含了已逝的昨日，更包含了即將到來的明天。換句話說，只要我們能把握住「當下」，那麼我們便已同時掌握住了昨日、今天與明天。

守株待兔只會讓生命空轉

不管厄運或幸運，始終都不會太長久，因為在循環不已的生命過程中，最終操控你我未來的人，一直都是我們自己。

一個習慣守株待兔的人，當然無法品嚐到豐收時的眞正滋味，只想坐享其成、不勞而獲的人，永遠也等不到成功的結果。

有位探險家在森林中看到一位老農夫，正坐在樹下輕鬆地抽著煙斗。探險家看著神情相當愜意的老農夫，忍不住向他打聲招呼：「您好啊，請問您在做什麼呢？」

這位老農夫回答：「喔，沒什麼，我在等待奇蹟發生！」

探險家一聽，連忙追問道：「奇蹟？您怎麼知道會有奇蹟？」

農夫笑著說：「我當然知道了，你知道嗎？我有一次正要砍樹時，竟忽然颳起了一陣強風，那陣強風把樹上的葉子和一些脆弱的樹枝颳落，那可省了我不少砍樹的力氣呢！」

探險家驚嘆地說：「您眞是幸運！」

農夫笑了笑，接著又得意地舉證：「你說得沒錯，我眞的很幸運，因爲還有一次，就在我準備要將乾草點燃焚燒之時，暴風雨中的閃電竟然正好擊中了乾草堆呢！」

探險家再又驚奇地說：「眞是奇蹟！」

接著他又問：「那您現在準備做什麼呢？」

只見農夫一派輕鬆地回答：「我正在等待一場地震！」

探險家一聽，吃驚地問：「地震？」

農夫一副理所當然地回答：「當然是地震啊！不然，馬鈴薯怎麼從地底自動翻出來呢？」

看著老農夫連連驚呼奇蹟之時，也許有人會為他感到擔心，擔心他恐將慢慢地失去求生的鬥志與能力。從他「只想等待」的工作態度中，我們也從他的身上，發現了日漸增長的生活惰性，與慢慢消失的積極活力。

更何況，當地震發生時，說不定不僅沒將馬鈴薯輕輕翻轉出來，反而是一個大翻轉，將農夫的生命從此覆蓋了啊！

我們要謹守踏實的生活態度，就像趨勢大師梭羅曾說的：「成功者不會守株待兔，他們會從前人的生敗與成功過程中，積極地獲取經驗，用以提升自己的成功機率。」

或許，每個人都有相同比例的命運和機會，但我們可以肯定一件事，那便是不管厄運或幸運的發展，始終都不會太長久，因為在這個循環不已的生命過程中，最終操控你我未來的人，一直都是我們自己。

學會享受生活，別太斤斤計較

不斤斤計較付出與得到的人，因為比別人更懂得生活的滿足，他們更能享受生活的快樂，並獲得成功。

總是盲目地追逐物質或金錢中的人，都以爲必須從這些物質財富中才能享受眞正的人生。但是，我們卻也經常發現，急於追求這些東西的人，生活似乎經常未如預期。

農場主人一大早就出門了，要去找幾位葡萄園工人。

來到街道上，他與幾個工人們談好一天一個金幣的工資後，便請工人們到葡萄園去工作。

第一批工人工作了三個小時後，農場主人又出門了，然而當他看見街上有幾個人無事可做的模樣，便好心地上前詢問：「你們要不要到我的葡萄園工作？一天我會付你們一個金幣！」

這幾個人一聽點了點頭，便立即前往葡萄園去。

接下來，每隔三個小時，農場主人分別又找了兩批工人到園區幫忙，薪資同樣是「一天一個金幣」。

就在傍晚時分，農場主人再次出門去了，又找了一批無事可做的人回到葡萄園工作。

只見葡萄園裡的工人們忙進忙出，非常熱鬧，而且每個人都相當開心地工作著，直到休息時間到了。

晚上，農場主人對管家說：「你可以去叫工人們休息了，並將工資發放給他們，你從最後加入的工人發到最先開工的人。」

就在這個時候，第一批工人發現最後才加入的工人，竟然與自己拿了相同的工資，臉上出現相當不悅的神情。

第一批工人一拿到錢時，便立即提出抗議：「那些人才工作一個小時而已，你怎麼能把他們與我們辛苦一整天的人同等看待呢？這很不公平耶！」

農場主人一聽，微笑地說：「朋友，我並沒失信，也沒有虧待你啊！我們一開始便說好一天一個金幣，不是嗎？爲什麼你不肯拿走你『應得』的東西呢？至於我付給其他人多少工資，那是我和他們的協定，我只是在履行我的承諾而已，有什麼不對呢？」

面對目前的工作，你開心嗎？

不開心的話，是因爲什麼原因呢？

看完了故事，我們何不靜下心想想，面對眼前的生活與工作，我們心中的不滿情緒到底是因爲什麼？是像故事中的第一批工人一般，感覺待遇不合理而心生不悅嗎？

其實，農場主人之所以在不同時段分別找了幾批工人，目的是爲了讓那些還在等待工作的人都有收入，儘管支付酬勞的方式不合情理，但出發點並無可議之處。深入探究，我們更可以知道，農場主人是個宅心仁厚的人，他眞正需要的工人數目，恐怕只是第一批，但爲了照顧那些還在等待工作的工人，才會每隔三個小時上街頭一次。

在這種情況下，從第一批工人到最後一批工人，每個人都擁

有著一個最重要的共通利益，那就是他們都是從「無工作」到「有工作」，如果農場主人沒有請他們幫忙，第一批以後的工人恐怕要街上虛渡一天。

看著第一批工人計較著與最後一批工人收入相同的不平，我們是否也該反省自己是不是不懂得以更寬闊的視野看世界？

別再抱怨了，現實生活中經常是付出多而收入少的成功者，不斤斤計較付出與得到的人，因為比別人更懂得生活的滿足，因此，他們更能享受生活的快樂，並獲得成功。

生命活力是我們最大的財富

只要我們的生命力還在，只要能極積生活，我們這對具有創造力的雙手，一定能為我們爭取到夢想的財富。

所謂「留得青山在，不怕沒柴燒」，生命是人類最大的生活資本，像是具有創造財富的雙手，像活力四射的蓬勃生命力。

只要生命機器仍能運轉，也仍然能有積極的作爲，那麼最終結算時，累積的利潤必定會超出預期。

有個整天眉頭深鎖的年輕人，一直抱怨自己運氣不濟，老是發不了財。

有一天他遇見了一位滿頭白髮的老人，老人家一看見年輕人，一副垂頭喪氣的模樣，關心地問：「年輕人，爲什麼不開心呢？」

年輕人發現有人關心，立即牢騷大發，對老人說：「唉，我眞不明白，爲什麼我這麼窮？」

老人家一聽，竟笑著說：「呵，有嗎？你窮嗎？我認爲你很富有啊！」

年輕人聽見老人這麼，滿臉不高興趣質問：「我哪裡富有？」

老人家笑著問：「這樣吧，如果你願意砍下一根手指頭，我就給你一千元，但你願意嗎？」

年輕人吃驚地看著老人家，接著說：「當然不要了！」

老人家接著又問：「喔，那如果你現在可以立即變成八十歲的老人，並得到一百萬元，你願意嗎？」

年輕人用力地搖了搖頭，說：「當然不願意了！」

「是嗎？那如果有人願意出一千萬，換你的一條性命，你願不願意交換呢？」老人家又問。

年輕人一聽，滿臉不悅地說：「這怎麼可能願意！」

老人聽完年輕人的反駁，便笑著說：「這不就對了，將以上錢財累計一下，你可是擁有了一千萬以上的財富啊，年輕人！」

年輕人聽見老人家的這番話似有所悟，因為他微微地笑了。

年輕人一再抱怨「為什麼我這麼窮」，這句話相信許多自認失意的人都曾拿來仰天質問！只是怎麼樣才算貧窮呢？是口袋裡沒錢才算貧窮，還是精神困乏才是生活上的貧窮指標呢？

故事中，老人家引導著年輕人，重新整理並糾正他對貧窮所下的定義，然後我們也從中思辨自己對於個人財富的偏執認知，明白「自己」的價值是金錢萬萬不及的。

萬事萬物其實全環繞著我們「自己」，我們應該以自己為中心軸，讓我們的生命活力無限伸展，然後我們才能將自己以外的財富或珍寶，全部帶入我們的世界中。

擁有生命，才是擁有財富的起點。

一千萬存入你的帳戶裡，然後換你一條命，你願不願意？

千萬要記住，只要我們的生命力還在，「一無所有」四個字就不屬於我們，只要能改變心態極積生活，我們這對具有創造力的雙手，一定能為我們爭取到夢想的財富。

分秒必爭，因為時間無法倒轉

能夠充分地利用、珍惜一分一秒的人，他們每一個跨出的步伐，絕對都會是成功的！

七十五歲那年，德國詩人作家歌德寫下：「我這一生確實很辛苦，即使到了今天，我仍然不知道什麼叫好日子，因為，每當我看見山上的石頭，不斷地，不斷地滾到我的面前，那迫使我必須永無止盡地將石頭往上推，總之，我必須分秒必爭！」

歌德知道時間是無法倒轉的，因而以積極進取的態度善用時間，努力寫作，終成一代文豪。

據說，大文豪歌德共花了六十年的時間完成《浮士德》一書，就在完成這部經典鉅著之時，溫克爾曼曾問他：「歌德，你能不能用一兩句話，來概括全書的主旨呢？」

歌德沉默了兩秒，接著回答：「自強不息者終能得救！」

這句話是當浮士德靈魂升天時，天使傳來的話語。

非常珍惜時間的歌德，有一次對於兒子所引用的一句時間觀念十分不苟同，而狠狠地教訓了孩子一頓。

他的兒子是這麼說的：「有人說，人生只有兩分半的時間，一分鐘微笑，一分鐘嘆息，半分鐘愛戀，而人們最終將在這愛戀

的時刻裡死去。」

歌德聽見兒子引用這樣的字句後，十分不悅，因為他認為，這段話傳遞出來的人生態度非常不嚴謹。

於是，他寫了一段文字給兒子：「孩子，一個鐘頭約有六十分鐘，所以，一天便超過了一千分鐘，明白這個道理之後，你便可以知道，一個人能對這個世界做出多少貢獻了。」

正因為這樣的時間觀念，讓歌德分秒必爭地工作著，直到八十四歲那年，臨死之前，他仍然伏在案上寫作。

歌德曾語重心長地對他的兒子說：「孩子，你要牢牢地抓住現實生活，堅持不懈啊！無論什麼情況，無論時間多寡，生命都有著無限的價值，更是永恆世界的代表。」

能有效地管理時間，我們才能充分地運用極其有限的時間，不致於浪費了一分一秒。

就像我們都知道的，時間之輪不斷地往前轉動，然而時針與分針的挪移不是非常明顯，經常讓我們有心忽略或懶得理睬，以致於我們經常不在意秒針積極地往前推移的微妙動作！

有一位成功的投資專家曾說：「每天比別人早起二個小時，我就比別人多了二個小時可運用。」

聽完專家如此自我鞭策時，仍然抱著「睡到自然醒」的人們，不知道有沒有被刺激，並開始自我反省？

成功與時間是共生的，兩者相輔相成，不知道如何有效率地利用時間的人，成功機率自然很低。

反之，能夠充分地利用、珍惜一分一秒的人，他們每一個跨出的步伐，絕對都會是成功的！

12.
PART

拋開名聲，才能享受人生

一夜成名、一夜致富很快地都會轉眼成空。

拋開名聲，你才能保有自我與生活空間，

也才能自由自在地享受人生。

拋開名聲，才能享受人生

一夜成名、一夜致富很快地都會轉眼成空。拋開名聲，你才能保有自我與生活空間，也才能自由自在地享受人生。

那些歷久不衰的名人眞正留下來的，從來都不是成功的光芒，而是他們成功的經驗與分享。

正因爲如此，人們永遠記住關於名人的事物，並不是名人們的特殊容貌，而是他們傳授的成功啓示。

在波士頓劍橋市的哈佛大學廣場上，有一尊象徵「哈佛精神」的銅像。

每一年的畢業生，都必須在這個銅像前舉行畢業典禮，表示對這位功績卓著的教育家的敬意，並宣示自己將遵照創辦人的理念，爲社會服務。

不過，讓人意外的是，據說這座銅像不是哈佛先生的人像，而是哈佛先生一位從事醫學工作的摯友。

原因是，淡泊名利的哈佛在生前並沒有留下任何清晰的形象，在那個喜歡留下自己肖像的年代，似乎是有點刻意地避開。

但是，這卻無損於人們對哈佛先生的敬意。雖然人們找了哈佛友人的樣貌，然而就像許多人所說的：「我們尊敬的是他的精

神，而不是崇拜他的模樣，所以，不是本人又有何妨？」

人們一點也不介意這個「美麗的欺騙」，甚至有人認爲，這更表現了哈佛先生的精神——一種灑脫、率眞的人生態度。

在這個年代，有名氣的人都喜歡留下影像。許多人一小有名氣，便急著將自己的臉放到螢光幕前，或是展露在報紙雜誌與書頁間。

對他們來說，儘早展示自己的身分地位，便能享受名聲的光芒。即便在街頭巷尾走一段路得花上一個小時，他也會說：「再累也值得。」

然而，眞的再累也值得嗎？

名聲是最容易讓人迷失的東西。在這個以名利爲價值重心的年代，年輕人拚了命地增加自己的「曝光率」。在這些閃爍的燈光下，有多少人知道自己擁有什麼樣的能力與價值，來擁抱他渴求的「名聲」？

一夜成名、一夜致富的觀念，並不會帶給人眞正的名聲地位，沒有經過累積的財富，很快都會轉眼成空。

還是學學哈佛先生吧！拋開名聲，你才能保有自我與生活空間，也才能自由自在地享受人生。

用點技巧，可以更快達成目標

命令式的要求，容易遇到反抗與挫折，不妨也用「哄小孩」的技巧，讓合作的伙伴，先嚐些甜頭，自然阻礙就會減少些。

在這個強調個人主義的時代，要讓其他人接受你的意見，並答應配合，就需要一點不同的溝通技巧。

別急著用心情做決定，試試看「投其所好」的方式，自己先付出，也許收穫會加倍也說不定！

有個八歲的小女孩，剛被父母從鄉下接回家來住。

由於成長環境的關係，小女孩的動作非常粗野，動不動就滿口粗話，不開心時，還會倒在地上打滾。

父母親看了都非常受不了，卻一直管教不了她。

剛開始時，小女孩的父親決定以體罰的方式教訓她，沒想到卻適得其反，女孩反而更變本加厲地反抗、撒野。

打也打了，罵也罵了，母親改用溫和的勸說，仍然一點幫助也沒有，他們最後只好放棄了。不過，自從老師造訪之後，女孩的言行舉止，居然奇蹟似地完全改變。

原來，老師拜訪的這一天，帶來了一件白色洋裝。

「好漂亮的洋裝喔！」小女孩一看見這件洋裝，兩隻眼睛立

即發了光。

老師笑著說：「很漂亮喔！」

女孩點了點頭，老師又說：「送給妳好不好？」

女孩瞪大了眼睛，不敢相信地問：「真的嗎？謝謝老師！」

只見她一把抱住了洋裝，恨不得立即換上。

老師把她叫到面前，叮嚀著：「穿上了它，妳就要淑女一點囉！不然，美麗的衣服很快地又要變髒變醜了，那妳就再也沒有漂亮的衣服可以穿了。要好好地愛惜它，知道嗎？」

女孩認真地點了點頭，然後輕輕地抱著衣服，回到房裡更換。

當她再走出來時，她的父母親簡直不敢相信，眼前這個女孩是他們潑辣的女兒。小女孩的步伐變輕了，臉上還堆滿了甜美可人的微笑，這是女孩回家後，第一次出現的美麗微笑。

從此，女孩真的改變了。現在她發起脾氣，只會嘟一嘟嘴，而不再會在地上撒野打滾。說話的方式也改變了，不再粗聲粗氣，胡亂罵人。她斯文秀氣的模樣，可說是人見人愛。

這正是投其所好的方法，只要捉住小女孩的心，她自然會乖乖聽話。就像用糖果哄小朋友一樣，我們不也經常用一顆糖換一刻安靜？只要能投其所好，我們自然能捉住對方的心，改變他的心意，正如一件洋裝最後改變了一個小女孩的個性。

看似適用於兒童世界的方法，其實也非常適用於你我的生活之中！當你希望達到某個目標前，別急著要求人們的配合。命令式的要求，容易遇到反抗與挫折，不妨也用「哄小孩」的技巧，讓合作的伙伴，先嚐些甜頭，自然阻礙就會減少些，那麼便能輕輕鬆鬆地與他們牽手共進！

再忙，也要撥出一點休息時間

工作時，我們幾乎只能顧到眼前的事務，只有在休息時，才有足夠的時間想像與思考問題。

我們需要多少時間，才算充足的休息呢？

其實，只要品質好的休息，即使只有二分鐘的打盹，十分鐘的放鬆，也能補足一天所需的活力。

羅蘭．布爾是美國第一家電視遊樂器的創始人。當年他在成立阿塔利公司時，以「創意」與「幻想」爲他的成功宗旨。

這位成功的企業家，在一場探討成功要訣的座談會上，說出了自己的成功秘訣。

他說：「白天我是一個企業家，爲工作努力奮鬥，從早到晚忙個不停。然而，到了下班時間，看著昏黃的暮色，我立刻拋開工作時的忙碌情緒，讓自己沉浸在美麗的夕陽下，開始彩繪屬於自己的美麗天空。」

有人問：「這很重要嗎？」

羅蘭說：「非常重要，這個習慣讓我在遇到問題時，能夠冷靜克服。那些美麗的幻想與創意，對我的事業幫助甚多。工作時，我們幾乎只能顧到眼前的事務，只有在休息時，才有足夠的時間

想像與思考問題。」

又有人問：「如果問題必須立即解決，無法等到下班後呢？」

羅蘭笑著說：「那就善用你工作中的零碎時間吧！像是電話不再響起，也沒有人在後面催促時，你就有足夠的時間思考了，不是嗎？」

我們稱讚一個人像個「鐵人」，意指他可以不眠不休地工作，生活規律異於常人，卻一點也無損於他的表現。

但是，世界上眞的有這樣的「鐵人」嗎？

當然沒有！

雖然有些人需要的睡眠時間不多，例如，拿破崙只需要睡四個小時，也能建功立業，但別忽略了，他仍然有四個小時的休息時間呢！

無論如何，你一定要撥出休息的時間，沒有人可以全年無休。

不要拿身體來挑戰極限，適度的休息，才有足夠的體力持續不斷地前進。休息過後的步伐，才能更加穩健踏實，每一步都成爲成功的步伐！

就算跌倒也一定有收穫

目標無法達成時，別忘了仔細檢查一路走來的累積，只要盡心盡力爭取、努力過，我們都能從中獲得一定的收穫與成長。

如果你能從每一次的失敗中，獲得某些別人沒有的教訓或啓發，那麼你就不算全然失敗。

每次生命中的啓發就是你最大的收穫，好好汲取教訓，累積經驗，終有雲開霧散的一天。

在講堂前，有一群虔誠的弟子，正專心地聆聽老和尚的教誨。

開示結束後，老和尚叫其中幾個弟子留下。

老和尚對他們說：「現在，你們到南山那兒，各自砍一擔柴回來。」

弟子們聽到命令後，立即往南山的方向前進。只是，當他們來到南山前，卻遇到了一個阻礙，一條必經的河流居然暴發了洪水，湍急的水流滾滾流瀉，如此危險的情況，即使膽子再大的人也不敢輕易拿生命去拚搏。

「我們肯定沒辦法完成師父交代的任務。」其中一位弟子說。

其他人也同聲附和，於是有人提議：「那我們回去吧！」

他們無功而返，每個人的臉上都有些垂頭喪氣。老和尚見他

們兩手空空回來，問明原因後，只好說：「也沒辦法了。」

然而就在這個時候，有位小和尚卻上前說：「師父，雖然我過不了河，也打不了柴，不過我看見河邊有棵蘋果樹。」

只見他拿出一顆鮮紅的蘋果，遞給老和尚說：「我便順手將樹上唯一的一顆蘋果摘了下來。」

老和尚看著這個小和尚，笑著說：「孺子可教。」

後來，老和尚的衣缽傳人，正是這個摘下蘋果的小和尚。

爲什麼是小和尚呢？

那顆蘋果又代表什麼樣的意義呢？

因爲，只有這個小和尚懂得「絕處逢生」的意涵。如果自己的悟性不夠，只看得見眼前的困境，卻看不見身邊的契機，如何能開導他人？

此外，這顆蘋果還有另一個意涵，那便是小和尚要讓老和尚知道，他眞的有到南山前，只是突然遇到狀況，才無法完成任務。

一顆蘋果兩層意義，他都想到了，當然他的悟性比其他空手而回，滿臉頹喪的人要高出許多囉！

目標無法達成時，別忘了仔細檢查一路走來的累積，只要盡心盡力爭取、努力過，而不是渾噩地追逐，我們都能從中獲得一定的收穫與成長。

要求別人，不如要求自己

不要只知推卸責任，生活是你的，人生的路也是你選擇的，真正要負起責任的人，不是別人，而是你自己。

每個人的人生，都應該由自己決定，後果也應該自行承擔。

只要懂得命運掌握在自己手裡，你就努力要求自己，不會因爲別人不願伸出援手而氣憤不平。

求人不如求己，時時刻刻都能未雨綢繆累積實力的人，才能輕鬆地解決所有的突發事件。

雖然洪水橫阻在前，但那些懂得掌握自己人生方向的人，不管水流多麼湍急，都能輕鬆渡過。

有個路人經過一座城堡附近時，不幸被一群強盜洗劫一空，這座城堡正是皇帝居住的地方。

於是，這個人便進入城堡內，想向皇帝討個公道。

他向皇帝哭訴：「君王啊！您知道那些強盜們，公然在您的地盤上行搶嗎？那個被搶的人，正是我啊！」

皇帝看著他，卻問：「那你爲什麼不做好防備呢？」

路人說：「防備？我怎麼料得到，他們居然會在您的腳下行搶呢？」

皇帝一聽，搖了搖頭說：「你難道沒聽說這句俗語『沒有比燈座底下還要黑暗的地方』嗎？」

皇帝引出這句俗諺之後，路人就無話可說了。

在強烈的燈光底下，也一定會有黑暗的地方。一如皇帝所說的，因為座底的覆蓋，而使燈座底下永遠黑暗，只是人們鮮少注意座台底下的情況，他們只注意光源的方向與強度，要求它的照射方向一定要匯集在你我的身上。

然而固定的光源，又怎麼可能時時刻刻關照著你呢？

要求別人，不如要求自己吧！

走哪條路是你自己挑的，自己走進了黑暗的底座，怎能責怪光的照射方向有誤呢？

不要只知推卸責任，生活是你的，人生的路也是你選擇的，眞正要負起責任的人，不是別人，而是你自己。

也別老是等待別人的救援，沒有人能料到危難什麼時候會發生。也因此，在這些最危急的時刻，唯一能幫助你的人就是自己。

挫折越多，越要勇往直前

機會總是出現在你正在遲疑的最後一步，只要你能在遲疑的當下，毫不猶豫地踏出去，成功就是你的了。

遭遇困難時，多給自己多加油打氣吧！

千萬不要因膽怯而裹足不前，喪失機會。

因爲，成功的要訣只有一個，就是要「勇往直前」。

生物學家曾經做過一個有趣的實驗，他們將鰷魚與鯪魚放入同一個玻璃器皿中，再用透明的玻璃板把牠們隔開。

剛開始時，鯪魚一看見鰷魚，便猛力朝著鰷魚的方向進攻，似乎想一舉捕獲美味的鰷魚，好好地飽餐一頓。然而，在玻璃隔板的阻擋下，牠不僅一條魚也沒吃到，更在多次的「撞牆」動作之後，開始暈頭轉向。

在幾十次的碰壁之後，鯪魚終於放棄了攻擊。

這時生物學家將玻璃板輕輕地抽走，接下來他們有了新的發現。每當鯪魚來到原來有阻隔的地方，便停了下來，眼睜睜地看著肥美的鰷魚，在牠的面前悠哉地游來游去。

甚至有一次，一隻肥美的鰷魚不經意地越過了「界」，尾巴還不小心輕拂了鯪魚的鰓邊，但是鯪魚居然全都無動於衷。

生物學家們從這個實驗中，得到一個結論：「經過多次的碰壁，鯪魚對鰷魚的食慾盡失，在害怕受阻、受傷的陰影下，牠已失去了進攻的信心。」

當我們嘲笑鯪魚的笨時，是否也警覺到一件事，原來「萬物皆同」，我們也不自覺地嘲笑了自己？

就像鯪魚一樣，許多人屢遭挫折之後，便開始心生恐懼，無法面對一次又一次的失敗打擊，最後當然也像鯪魚一樣，舉雙手投降，放棄前進。

然而這些人卻不知道，就在他們放棄的同時，阻礙也已經解除，他們放棄前遇見的那個困難，其實是最後一個。

雖然是最後一個，但是似鯪魚一般勇氣不足的人，已經沒有繼續前進的信心與勇氣。即使機會故意觸碰他們的身體，引誘他們來爭取，這些人卻仍然無法面對，寧願繼續躲回封閉的塔裡，眼睜睜地看著機會從眼前溜走。

你是否也像鯪魚一樣，遇見挫折，只會退縮呢？

機會總是出現在你正在遲疑的最後一步，只要你能在遲疑的當下，毫不猶豫地踏出去，成功就是你的了。

相互扶持才能創造雙贏

「群策群力」絕對比「單打獨鬥」更快取得勝利，而「相互扶持」也絕對比「獨立支撐」，更能贏得成功的錦標。

爲什麼三個臭皮匠，勝過一個諸葛亮？

畢竟用「三顆腦袋」團結合作，將答案找出來，怎麼也比「一顆腦袋」絞盡腦汁，來得有效率吧！

在一部動物的記錄片中，導演以感性的角度，深入探討象群的生活。

荒原上的大象們成群結隊地出現，大象與小象之間的情感，透過鏡頭的捕捉，有許多感人的互動。牠們無憂無慮地生活在原野上，幸福和樂的氣氛，人們看了都非常羨慕。

然而，這個幸福歡樂的景象卻持續不久，不知道到底是什麼因素，大象們一個個病倒了。

因爲不能任意干涉自然生態的變化，導演與研究人員只能安靜地繼續觀察。他們眼看著大象們一隻一隻地倒地，經過一段時間之後，這個象群的數量已經減去大半。

大象只要一倒地，存活下來的機會，幾乎就等於零，因爲體內巨大的內臟將會相互壓迫，造成身體的二度傷害，加速死亡。

僅剩的十幾隻大象，全都堅強地站立著，最後終於掙脫了病魔。雖然，所有的大象們都康復了，然而卻有一隻小象一直無法恢復，眼看牠就要不支倒地了。

忽然，有兩隻大象走了過來，在小象即將倒下的那一刻，輪流用自己的身體支撐小象，牠們要幫助小象繼續活下去。

研究人員看見這一幕，都忍不住想要歡呼，還好他們克制了自己的情感，免得驚擾到象群。

就在鏡頭底下，「奇蹟」發生了，小象在大象們的支撐與呵護下，終於恢復了元氣，繼續與大象們一起走完這趟生命之旅。

詩人惠特曼曾說：「我們能成全他人，也能毀棄他人。互相幫忙能使人奮發向上，互相抱怨則會使人退縮不前。」

這段話不正是應證了故事中的象群嗎？

大象用自己的力量幫助小象，其中包含的意義，不只是小象存活還有大象們相互扶持，用以延續象群生命的深層意義。

以「萬物之靈」自居的人類，看到大象們無私的互助精神時，有多少人受到感動與啓發呢？

在你爭我奪的人類世界中，每個人都恨不得同伴跌落谷底，因爲大多數人認爲，只要減少一個敵手，晉升的機會便會多一些。

然而，事實上並非如此，聰明的人都知道，在生存的戰場上，少一個敵人，不如多一個朋友。

「群策群力」絕對比「單打獨鬥」更快取得勝利，而「相互扶持」也絕對比「獨立支撐」，更能贏得成功的錦標。

生活講義

140

不要讓心情決定你的人生全集

作　　者　千江月
社　　長　陳維都
藝術總監　黃聖文
編輯總監　王　凌
出 版 者　普天出版社
新北市汐止區康寧街 169 巷 25 號 6 樓
TEL / (02) 26921935 (代表號)
FAX / (02) 26959332
E-mail：popular.press@msa.hinet.net
http://www.popu.com.tw/
郵政劃撥 19091443 陳維都帳戶
總 經 銷　旭昇圖書有限公司
新北市中和區中山路二段 352 號 2F
TEL / (02) 22451480 (代表號)
FAX / (02) 22451479
E-mail：s1686688@ms31.hinet.net
法律顧問　西華律師事務所・黃憲男律師
電腦排版　巨新電腦排版有限公司
印製裝訂　久裕印刷事業有限公司
出 版 日　2019 (民 108) 年 3 月第 1 版
I S B N◉978-986-389-588-6　　條碼 9789863895886

國家圖書館出版品預行編目資料

不要讓心情決定你的人生全集／
千江月編著. —第 1 版. —：新北市, 普天
民 108.03 面；公分. - (生活講義；140)
ISBN◉978-986-389-588-6 (平裝)
CIP⊙177.2

普天
普天之下・盡是好書
出版社